플랜데믹

PLANDEMIC

코로나19 팬데믹은 기획되었다!

플랜데믹
PLANDEMIC

미키 윌리스 공저 · 이원기 옮김

에디터
editor

모든 이들이 더 늦기 전에
반드시 읽어야 할 책!

인류 역사상 전무후무한 사건을 전 세계가 함께 경험하고 있다. 그것이 코로나바이러스 변이에 의한 팬데믹이 되었든, 혹은 팬데믹에 대응하는 WHO와 각국 보건 당국의 과잉 대응이 불러온 인재가 되었든, 아니면 누군가에 의해 이 모든 것이 처음부터 기획된 것이든, 전 지구적 재앙임에는 틀림이 없다. 많은 이들의 삶에 영향을 끼쳤고, 대부분에게는 악영향이었으며, 그 악영향은 팬데믹이 종식된 이후로도 당분간 지속될 전망이다. 세계대전에 버금갈 만큼 많은 이들의 삶이 파괴되었고 자유와 인권이 유린되었다. 세계대전에 버금갈 만큼 큰 규모의 경제적 여파가 있었고, 세계대전에 버금갈 만큼의 혈세가 낭비되었으며, 세계대전에 버금갈 만큼 누군가는 큰돈을 벌었다.

이 책은 다큐멘터리 〈플랜데믹〉을 기본으로 하고 있다. '플랜데믹'은 Plan(계획)과 Pandemic(팬데믹)의 합성어다. 문제는 '정말 계획적인가?'가 아니라 '누가 왜 계획했나?'이다. 처음에는 '설마 계획적일까?' 했던 의구심은 시간이 지날수록 선명해지기 시작했다. 눈앞에서 펼쳐지는 이해할 수 없는 정황들과 보건 당국의 말 바꾸기로 인해, 어느새 '설마 계획적일까?' 했던 의심은 '누가 왜 계획했나?'로 바뀌기 시작했다. 그리고 그 무렵 다큐멘터리 〈플랜데믹〉이 나왔다.

'계획'된 팬데믹을 이야기하다니 누가 봐도 음모론이 뻔하다. 하지만 음모가 난무하는 세상에서 '음모론'이라는 딱지는 더 이상 관심을 끌 만한 사안이 아니다. 정작 중요한 것은 이 책의 내용들을 '반박할 수 있느냐?'는 것이다.

〈플랜데믹〉은 이번 코로나 팬데믹 기간 동안 가장 철저하게 검열된 다큐멘터리인 동시에 온라인 개봉 당시 가장 많이 시청된 다큐멘터리이기도 하다. 그토록 심한 공격과 비판을 받았지만 그 내용을 반박할 수 있는 이들은 없었다. 그저 불쾌했기 때문에, 또는 사주를 받았기 때문에 비판했을 뿐이다. 팩트체크에는 팩트가 없었고, 비방은 알맹이도 없는 그저 비방일 뿐이었다. 영향력 있는 누군가가 총대를 메고 반박을 시도하고 나선다면, 그래서 이 모든 내용들이 공론화된다면 그보다 좋은 시나리오는 없을 듯싶다. 기자가 책을 집필할 수 있었던 이유도 이 모든 내용들이 확인 가능한 공식 자료들인 데다 도저히 반박이 불가했기 때문이다.

이 책의 저자는 적어도 음모론자는 아니다. 오랜 기자 생활을 통해 '백신 거부자'들을 불쾌하게 여기면서 '과학 신봉자'들을 지지해왔던 언론 기자다. 오랜 취재 경험으로 정부를 믿어선 안 된다는 철학을 갖고 있긴 했지만, 다른 한편으론 주요 뉴스 보도를 부인하는 터무니없는 음모론자들이 많다는 사실도 잘 알고 있었다. 하지만 그녀가 이런 논란의 책을 써내려갈 수 있었던 이유는, 이 책에서 다루는 내용이 단순히 코로나바이러스나 백신에 국한되어 있지 않기 때문이다. 병에 증상이 있으면 숨은 원인이 있듯이, 현재 겉으로만 보이는 코로나바이러스와 백신 이슈보다 훨씬 더 깊숙한 곳에 문제점들이 도사리고 있다. 이 책은 그 깊숙한 이면을 낱낱이 드러내며 문제의 본질을 진단한다.

- 이번 코로나 팬데믹의 간판 얼굴이 된 닥터 파우치의 본모습에 대하여.
- 그가 몸담고 있는 NIH와 CDC라는 조직에 대하여.
- 찌질한 팩트체커들이 찌질하게 구는 이유에 대하여.
- 의사가 아닌데도 항상 거론되며 전문가처럼 행세하는 빌 게이츠에 대하여.
- 코로나 팬데믹을 선언한 WHO 총장 테워드로스 거브러여

수스에 대하여.

- 인류의 건강이나 질병 퇴치에는 눈곱만큼도 관심이 없는 제약 회사들에 대하여.
- 기를 써가며 정보들을 검열하는 플랫폼들(구글, 유튜브, 페이스북, 트위터 등)의 가상한 노력과 그들이 그러는 이유에 대하여.

코로나 팬데믹 기간 내내 우리 눈앞에 펼쳐졌던 이해하기 어려운 현상들이 이 책을 통해 이해되기 시작한다. 그 모든 것들의 실체를 이 책은 여실히 보여준다.

인류가 현 코로나 팬데믹 사태를 뚫고 나가는 힘은 WHO나 CDC, 질병관리청 같은 보건 당국으로부터 오지 않는다. 왜냐하면 이번 코로나 사태는 단순히 바이러스에 의한 의학적인 사건이 아니기 때문이다. 과학적인 사고만으로는 지금의 현상을 이해할 수 없다. 현 코로나 팬데믹 사태를 진두지휘하고 있는 한 줌의 의학계 엘리트들이 전 세계인들을 바라보는 시선과 태도는 한마디로 무시다. '너네들이 뭘 알아?' 하는 태도다. 얼마나 무시하는지 거짓말에 성의도 없다. 중세 타락했던 기독교가 일반 평민들에게 라틴어로 된 성경을 읽는 것조차 금지하고, 그들을 교육하기보다는 무식하게 남겨두며, 모든 신의 메시지를 대리하여 전달했듯이, 코로나 사태를 이끄는 이들은 바이러스, 면역,

백신을 둘러싼 과학이 마치 너무 어려워서 일반인들은 알아들을
수 없으니 자기들이 알려주는 대로 따를 것만을 강요한다.

하지만 인류의 역사를 통틀어 자유로운 정보의 공개는 늘 백
성들에게 힘이 되었고, 권력자들에겐 위협이 되었다. 그래서 지
금의 코로나 사태를 이끄는 이들도 정보 공개를 두려워한다. 그
때문에 어느 때보다 극심한 검열이 자행되고 있다. 그들이 공개
하고 싶어 하는 메시지는 시종일관 공포다. 그리고 공포를 전달
하는 이들은 주로 목적이 있다. 자유를 억압하거나 무언가를 팔
거나. 둘 중 하나다. 공포야말로 진정한 바이러스고, 진실이 곧
진정한 치료다.

이 시대를 함께 겪고 있는 모든 이들이 더 늦기 전에 반드시
읽어야 할 책이다.

— 조한경(《환자 혁명》 저자)

차례

검열 100%, 오류 인증 0%의
다큐멘터리 〈플랜데믹〉

너무나 확실해 보이는데도 모두 눈을 감기로 작정한 것을
설명하기가 가장 어렵다. —아인 랜드

이 책을 내자는 제안은 내가 제작한 다큐멘터리 동영상 〈플랜
데믹 1〉에 이어 〈플랜데믹 2〉가 공개된 직후 나왔다. 주류 언론
은 코로나19 팬데믹이 우연히 일어난 위기가 아님을 밝힌 〈플랜
데믹〉 2부작을 두고 음모론이라며 일제히 포문을 열었다. 그들
이 일으킨 광분의 태풍이 무섭게 몰아치는 와중에 그 태풍의 눈
속에 있었던 나로서는 도저히 이 책을 낼 수 없었다. 내가 〈플랜
데믹〉과 관련된 어떤 형태의 제품이라도 만든다면 모든 매체가
달려들어 나의 속내가 개인적인 이득을 챙기는 것이라고 대중을

호도할 것이 뻔했기 때문이었다. 나에게 판매할 제품이 없어도 그들은 그런 식의 여론몰이로 나를 짓밟았다.

여기서 나의 개인적인 이익 문제와 관련해 지금까지 알리지 않은 사실을 밝히겠다. 우리는 〈플랜데믹〉 2부작으로 어떤 식으로든 조금도 이익을 취하지 않았다. 아니, 돈벌이를 단호하게 거부했다. 우리는 오직 진실만 팔고자 했다. 심지어 우리 동영상에 유료 광고 하나 붙이지 않았다. 모든 투자 제안을 거부하고 오로지 비용을 충당할 정도로만 모은 기부금으로 〈플랜데믹〉을 제작하고 배포했다. 수익을 신경 쓰지 않았기 때문에 우리는 공들여 만든 다큐멘터리를 무료로 배포할 수 있었다. 〈플랜데믹〉은 관심 있는 모든 사람에게 보내는 우리의 선물이었다. 선물을 받은 그들은 고맙게도 그 작품을 다시 전 세계로 실어다 날랐다.

먼저 나온 〈플랜데믹 1〉이 온라인 조회 수에서 최고 기록을 경신하자 그 브랜드의 사용권을 수백만 달러에 구입하겠다는 제안이 들어왔다. 2021년 캘리포니아주 오하이의 지역 잡지인 《오하이 매거진》은 그 거래를 중재한 리노 롤과 인터뷰를 가졌다.[1] 관련 기사에서 롤은 이렇게 말했다.

"데이터 수익화를 전문으로 하는 사람들로부터 연락이 왔다. 내가 그 다큐멘터리를 제작한 미키 윌리스와 자기들 사이에 다리를 놓을 수 있다고 생각했던 것이다. 그들은 윌리스의 데이터베이스를 사용할 수만 있다면 그 데이터 판매로 일주일 안에 수백만 달러의 수익을 보장할 수 있다고 장담했다. 믿기 어려운 이야기처럼 들리겠지만 나는 DM 마케팅을 해봐서 잘 안다. 그들은 합법적이고 신뢰성이 높은 전문가들이었다. 하지만 윌리스는 그 제안을 일언지하에 거절했다. 돈벌이를 하려고 〈플랜데믹〉을 만들었다는 오해를 살 수 있다는 우려 때문이었다."

당시 나는 독립적인 영화 제작자로 근근이 생계를 유지하고 있었다. 그런 처지에 수백만 달러짜리 개런티를 왜 마다했을까? 쉽지 않은 결단이었다. 솔직히 말하면 그 결정에 회의를 품은 순간들이 없지 않았다. 〈플랜데믹〉 프로젝트를 시작하기 전인 2017년 12월 역대 최대 규모의 캘리포니아주 토머스 산불이 덮쳤을 때 우리 가족은 집과 작업 스튜디오, 자동차를 포함해 모든 것을 잃었다. 우리는 휴대전화와 하드드라이브 몇 개만 들고 입은 옷 그대로 집을 뛰쳐나와야 했다.

우리가 든 보험에는 직접적인 화재 보상이 빠져 있어 피해 액수의 16분의 1에 해당하는 금액만 받을 수 있었다. 따라서 돈이 필요 없었던 것은 결코 아니었다. 다만 진실을 밝히려는 의도로 만든 다큐멘터리 영화를 가지고 개인적인 수익을 올린다는 사실 자체가 난센스라고 생각했다. 고맙게도 아내가 내 결정에 선뜻 동의해주었다. 그리고 다큐멘터리 브랜드로 이익을 챙기지 않겠다는 결심에 이어 이 책의 판매 수익 중 내 몫도 전액 어린이와 청소년을 위한 교육에 헌신하는 비영리 단체에 기부하겠다고 이미 약속했다.

　나처럼 주류 언론에서 철저히 검열당하고 모든 형태의 디지털 매체에서 삭제되어본 경험이 없다면 그런 식의 재갈 물림을 당하는 고통이 어떤지 알기 어려울 것이다. 어쩌면 이해할 수 없을지도 모른다. 전 세계의 여론을 조종하는 막강한 세력들은 수단과 방법을 가리지 않고 내가 스스로 명예를 지킬 모든 능력을 말살했다.

　모든 이야기에는 상반되는 두 개의 측면이 있다. 우리가 흔히 듣는 말이다. 그러나 서글프게도 자유 언론의 '검열관'들은 우리가 한쪽 측면, 다시 말해 자신들 편의 이야기만 듣도록 온갖 술수를 쓴다. 나는 그들이 만들어놓은 틀에서 벗어나 나름대로 자유롭게 진실을 밝힐 수 있는 대안 매체를 찾기 시작했다.

　그때 〈플랜데믹〉 제작팀의 프로듀서인 에릭이 책을 내자고 제안했다. 나는 내키지 않았다. 우선 개인적인 이익을 챙기려 한다는 비방에 대한 우려가 컸다. 게다가 과거에도 몇 차례 책을 쓰라는 제안이 있었지만 저자가 되는 것은 내 역할이 아니라는 생각에 거절한 적이 있었다. 그래서 이번에도 나는 고개를 저었다. 그러나 에릭의 집요한 설득에 밀려 탐사 보도 전문 기자를 동원해 〈플랜데믹〉과 관련된 책을 내는 데 동의했다. 우선 책의 윤곽을 정하기 위해 그 기자가 우리 다큐멘터리에 등장한 주요 인물들과 제작진을 인터뷰할 수 있도록 허용했다.

몇 주 뒤 에릭으로부터 전화가 왔다. "좋은 소식과 나쁜 소식이 있는데 말이야."

"그럼 나쁜 소식부터 듣지." 내가 말했다.

"책 쓰는 일을 맡을 기자가 우리 편이 아니라는 사실을 조금 전에 알았지 뭐야. 그녀는 주류 언론이 전하는 이야기를 그대로 믿고, 우리가 정신 나갔다고 생각하는 사람이라는 거야." 그가 설명했다.

"거참 대단하군." 나는 또 다른 비방의 글이 나오겠거니 생각하며 한숨을 쉬었다. "그렇다면 좋은 소식은?"

에릭은 이렇게 대답했다. "그녀는 우리가 정신 나갔다고 '지금 생각하는' 사람이 아니라 '조금 전까지 그렇게 생각했던 사람'이라고 해야 정확한 표현이라는 게 좋은 소식이지. 우리 다큐멘터리에 나오는 인물들과 인터뷰를 하고 관련 조사를 진행하면서 알게 된 사실들 때문에 그녀의 생각이 180도 달라졌다네."

놀랍게도 이 기자(나중에 본인이 설명하겠지만, 그녀는 이 책에서 익명의 저자가 되기로 했다)는 〈플랜데믹〉과 나에게 쏟아진 온갖 중상모략과 비방의 이면을 열린 마음으로 끝까지 파헤칠 용기와 성실성을 갖고 있었다. 그녀가 작성한 개략적인 책의 윤곽을 읽고, 나는 공저자로서 책을 내기로 결심을 굳혔다.

이 책의 모든 공로는 출판사 스카이호스의 임직원들, 주디 미코비츠 박사, 데이비드 마틴 박사, 그리고 베일에 가린 나의 공저자(나는 그녀를 직접 만난 적이 없다)에게 돌아가야 마땅하다. 또 놀라운 능력을 발휘해준 우리 조사팀과 용기 있는 〈플랜데믹〉 제작진, 그리고 〈플랜데믹〉에서 제시된 정보가 분명하고 정확하다는 사실을 확인할 수 있도록 모든 단계에서 도움을 준 용감하고 뛰어난 수많은 의사와 과학자들에게도 심심한 감사를 표한다. 그렇다. 감히 말하건대 〈플랜데믹〉은 진실을 무너뜨리려는 어떤 저격에도 끄떡없는 완전한 '방탄' 작품이다.

비방자들이 무슨 말을 했든 간에 우리가 제작한 〈플랜데믹〉 2부작에 담긴 주요 주장 가운데 오류나 허위로 입증된 것은 하나도 없다고 자신 있게 말할 수 있다. 〈플랜데믹 2〉를 출시한 직후 나는 우리의 주요 주장 중에서 틀린 것을 하나라도 입증할 수 있다면 1만 달러를 주겠다는 온라인 챌린지를 내걸었다. 하루 걸러 한 번씩 6개월 동안 그 제안을 올렸지만 도전자가 없어서 결국 그냥 종료했다.

어떤 비판자나 팩트체커나 의사도 말로만 떠들었지 실제로 나서서 입증하지 못했다. 그래서 우리는 〈플랜데믹〉 2부작에 '검열 100%, 오류 입증 0%'라는 구호를 내걸 수 있었다.

이제 개인사를 좀 이야기하고자 한다.

톰 행크스의 영화에 나오는 주인공 포레스트 검프처럼 나도 종종 의도치 않게 역사적인 순간의 한가운데에 있었다. 몇 가지 예를 들어보겠다. 1992년 LA 폭동(흑인 로드니 킹을 집단 폭행한 백인 경찰관들에게 무죄 판결을 내리면서 촉발된 사건)이 일어났을 때 나는 그곳에서 형편이 어려운 청소년들과 함께 일하고 있었다. 당시의 뉴스 영상을 찾아보면 로드니 킹이 "우리 모두 사이좋게 지내면 안 되나요?"라고 하소연할 때 바로 그 뒤에 서 있는 내 모습을 볼 수 있을 것이다. 그의 말은 이후 줄곧 내 뇌리를 떠나지 않았다.

3년 뒤에는 흑인 미식축구 선수 출신의 스타 연예인 O. J. 심슨과 즉흥적으로 저녁 식사를 같이했다. 백인 전처와 그의 남자친구를 살해한 혐의로 기소되었던 심슨이 유력한 범행 증거에도 불구하고 '세기의 재판'에서 무죄 판결을 받은 직후였다.

그다음 2001년 9·11 테러가 발생했을 때에는 뉴욕 세계무역센터가 무너진 날 바로 그 부근에 있었다. 곧바로 현장으로 달려가 사흘 동안 건물 잔해 속에 갇힌 생존자 구조 작업을 하면서 나는 완전히 딴사람이 되었다. 갑자기 할리우드 일에 환멸을 느끼고 현실적인 삶에서 중요한 문제에 집중하기 위해 과감하게 방향을 전환했다.

그러다가 2016년 노스다코타주에서 다코타 액서스 송유관 건설에 반대하는 원주민들의 시위가 시작된 날, 나는 배우 셰일린 우들리와 함께 민주당 대선 경선 후보 버니 샌더스를 위한 공익광고를 촬영하고 있었다. 우리는 곧장 시위 현장인 스탠딩 록으로 달려갔고, 이후 2년 넘게 그곳 원주민들을 위해 봉사했다.

마지막으로 2021년 1월 6일 미국 연방 의사당이 폭도들에게 점거당했을 때 나는 그 부근에서 다른 프로젝트를 위해 촬영하던 중이었다. 그 사건에 관해서는 나중에 더 자세히 이야기할 것이다(미리 귀띔하자면 내가 그곳에 있었던 이유를 둘러싼 언론의 보도는 진실과 정반대).

그런 중대한 사건들을 직접 겪으면서 운명과 믿음에 대한 나의 이해가 크게 넓어진 듯싶다. 나는 신앙심 없이 자랐다. 교회에도 가지 않았고, 성경도 읽지 않았으며, 식사 전 기도도 하지 않았다. 우리가 믿었던 신은 사랑이었다. 내가 태어나기 한참 전에 어머니의 남편이 세상을 떠나고, 어머니는 어린 자녀 세 명을 혼자 돌봤다.

어머니는 사랑하던 남편을 잃어 상심한 데다 생계비 지원 대상 자격마저 잃을까 봐 재혼하지 않고 버텼다. 세 자녀가 10대와 그 아래의 나이로 자랐을 때 어머니의 여자 친구가 그녀를 데리고 동네 나이트클럽에 갔다. 거기서 어머니는 깊고 푸른 눈의 미남 선원을 만났다. 서로 어울리다 보니 아기가 생겼다. 이미 있는 세 자녀를 먹이고 돌보기에도 힘겨웠던 어머니는 새로운 아기를 원치 않았다.

낙태 수술을 받을 수 없었던 어머니는 혼자 유산하려고 애썼다. 그러나 승마를 포함해 무슨 수를 써도 어머니는 내가 이 세상으로 나오는 것을 막지 못했다. 할머니는 딸의 사생아인 나를 달가워하지 않았다.

할머니가 나에게 무관심하자 어머니는 그 보상으로 나에게 듬뿍 사랑을 쏟았다. 그러면서 나는 자타가 인정하는 마마보이가 되었다. 어머니가 나의 절친이었다. 내가 초등학생이었을 때 어머니는 암 진단을 받았지만 굳은 의지로 극복해냈다.

내가 10대였을 때 큰형이 에이즈 진단을 받았다. 투병 8년째 AZT라는 신약이 나오면서 터널 끝의 빛이 보이는 듯했다. 하지만 우리 식구 모두에게는 기적의 약으로 불리는 AZT가 병을 낫게 하기보다는 더 아프게 하는 듯했다. 그럼에도 에이즈 대응을 지휘하던 앤서니 파우치 박사는 전 세계에 이 약이 우리의 유일한 희망이라고 단언했다.

형의 건강은 급속히 더 나빠졌다. 동성애자 공동체는 형과 어머니에게 바이러스가 아니라 약이 형을 죽이고 있다며 경고했다. 그러나 TV 채널을 돌릴 때마다 '미국 최고의 의사'로 불리는 파우치 박사가 내로라하는 저명인사들에 둘러싸인 채 자신의 처방이 유일한 에이즈 해결책이라고 전 세계를 대상으로 장담하고 있었다.

결국 1994년 5월 23일, AZT가 형의 목숨을 앗아갔다. 동성애자 공동체의 경고를 무시해 아들을 떠나보냈다는 죄책감에 짓눌렸던 어머니는 다시 암에 걸렸다. 형이 숨지고 34일 뒤인 6월 26일, 어머니도 세상을 떠났다. 감당하기 힘든 정신적, 정서적 충격이었다. 그 상처를 어떻게 치유해야 할지 고민하던 나는 포레스트 검프처럼 무작정 달리기 시작했다. 아픈 기억을 떠올리게 하는 모든 것에서 최대한 멀리 달아나야 한다는 생각뿐이었다. 나는 흔히 고아들이 숨어 지내는 곳으로 갔다. 할리우드의 매직 캐슬 호텔에서 가장 싼 방을 빌렸다. 배우가 될 생각이었던 게 아니라 '가족'과 함께 있는 듯한 분위기를 느끼고 싶어서였다. TV 시트콤을 보며 자란 나 같은 아이에게는 할리우드가 '가족' 분위기를 느낄 수 있는 곳으로 생각되었다. 전 재산이 1,100달러였던 나는 먹고살기 위해 그곳에서 가장 얻기 쉬운 일자리를 택할 수밖에 없었다.

나는 1년 남짓 잡지 사진 모델로 일했다. 그러면서 출장도 다녔다. 그렇게 돌아다닐 수 있다는 사실이 좋았다. 그러나 곧 허세에 치중하는 모델 일에 환멸을 느꼈다. 좀 더 실질적이고 의미 있는 일을 찾다 할리우드 배우가 되기로 결심했다. 초심과 달랐지만 젊고 순진했던 나 나름대로의 몸부림이었다.

오디션을 보러 다녔지만 나는 배우가 될 만한 재주가 없는 것 같았다. 그때 절호의 기회가 찾아왔다. 메소드 연기(극 중 인물과의 동일시를 통한 극사실주의적 연기 기법)의 아버지로 불리는 전설적인 배우 샌퍼드 마이스너의 연기 수업에 초대받았다. 정말 믿기 어려운 일이었다. 나 같은 풋내기를 왜 선택했을까? 내 인생 최대의 행운으로 생각되었다. 갑자기 한 번도 가진 적이 없던 자신

감이 생기면서 우쭐해졌다.

수업 6개월째에 접어든 어느 날 휴식 시간이 되어 모두 극장 밖으로 나갈 때 마이스너(거기서는 그를 '샌디'라고 불렀다)가 나에게 잠시 남아 있으라고 했다. 우리는 무대 한쪽 끝에 서로의 무릎이 닿을 정도로 가까이 앉았다. 그가 내 눈을 뚫어져라 쳐다보았다. 내 심장 박동이 빨라지기 시작했다. 연기 연습에 열심인 나의 성실함을 칭찬하려는 걸까? 아니면 소질이 없으니 그만두라고 말하려는 걸까?

그가 목의 기관 절개 튜브 구멍을 통해 울리는 목소리로 나와 성관계를 하고 싶다고 말했다. 나는 '설마…… 그냥 연기 연습이겠지'라고 생각했다. 나이 많고 허약한 그가 진심으로 하는 말일 리 없었다. 나는 그가 나를 시험한다고 생각하며 잔잔한 미소와 함께 "고맙지만 사양할게요"라고 말했다.

하지만 그는 눈 하나 깜빡이지 않았다. 그래서 다시 말했다. "편견이 있는 건 아니에요. 단지 난…… 동성애자가 아니거든요." 그는 여전히 미동 없이 나를 빤히 쳐다봤다. 나는 어색한 침묵을 깨려고 이렇게 덧붙였다. "내가…… 나쁘게 보는 건 아니에요. ……동성애자 말이에요. 내 형도 그래요. ……아니, 그랬어요. 동성애자였다고요. ……에이즈에 걸려 세상을 떠났어요."

그는 한참 동안 가만히 있다가 마침내 입을 뗐다. "좋아." 그러곤 나에게 나가라는 듯 손짓했다. 나는 어리둥절하고 무거운 마음으로 극장을 빠져나갔다.

휴식이 끝나고 모두 극장에 다시 모였을 때 샌디는 나에게 무대 위로 올라오라고 지시했다. 나는 가만히 무대에 올라섰다. 샌디가 죽어가는 몸을 지팡이에 의지해 일으키더니 나에게 지팡이를 들이대며 격노한 어조로 말했다. "넌 무대에 설 자격이 없어! 나가! 당장 꺼지란 말야!"

그 일로 충격을 받은 나는 읽기 장애에 시달렸다. 오디션이 더욱 힘들어졌다. 결국 배우의 꿈을 접을 수밖에 없었다. 그때 '직접 할 수 없으면 남을 가르쳐라'라는 옛말이 생각났다. 나는 어린이 드라마 코치로 일자리를 얻었다. 어린이집 보육 교사에 더 가까웠지만 그 일이 마음에 들었다. 아이들과 함께하는 시간이 즐거웠다.

그러다가 단막극 연출을 맡게 되었다. 나는 '플레이라이트 키친 앙상블(PKE)'의 최연소 회원이 되어 유명한 연극배우와 영화배우의 멘토링을 받으며 그들로부터 많은 것을 배웠다. PKE는 할리우드 거물 스티브 티시의 아이디어로 설립되었다(우연히도 그는 내가 좋아하는 〈포레스트 검프〉를 비롯한 여러 영화의 프로듀서를 맡았다).

연극에 심취했던 나는 노스 할리우드에 직접 극장을 세워 각본과 연출 기술을 갈고닦았다. 또 영화 제작에도 관심이 많았던 터여서, 곧 몇천 달러를 모아 나의 첫 저예산 모큐멘터리(허구의 상황을 실제처럼 보이게 하는 다큐멘터리 형식의 영화 장르) 〈슈샤인 보이〉를 만들었다. 놀랍게도 이 작은 작품이 언더그라운드 영화계에서 인기를 얻어 여러 영화제에서 상을 받았다.

2001년 〈슈샤인 보이〉의 배급사를 찾으려고 뉴욕으로 갔다. 마치 꿈을 꾸는 것 같았다. 내가 만든 첫 영화의 배급을 위해 협상하고 있었을 뿐 아니라 패션 사진작가와 스페인어 뮤직비디오 감독으로 하루 수천 달러를 벌어들이고 있었다. 그러나 그해 9월 11일 그 모든 것이 뒤집혔다.

테러범들이 납치한 비행기가 뉴욕 세계무역센터 쌍둥이 빌딩을 들이받았던 그 시각, 나는 그곳에서 멀지 않은 맨해튼 미드타운의 친구 아파트 소파에서 잠을 자고 있었다. 친구와 나는 즉시 현장으로 달려갔다. 우리는 꼬박 사흘 동안 그곳에서 생존자 구조 작업에 동참했다. 그 경험이 나에게 새로운 각성의 계기가 되었다.

건물 잔해 위에 서서 여기저기 흩어진 신체 부위들을 내려다보는 동안 나의 내면에서 큰 변화가 일어났다. 말로는 표현하기 어려운 신비로운 경험이었다. 세계의 눈이 내가 있는 이곳을 향하고 있는 것을 실감했다. 지구가 줄어들고 있었다. 모든 것이 가까이 있는 듯했다. 말 그대로 모든 생명체의 존재를 느낄 수 있었다. 우리의 집단적인 고통도 느껴졌다. 우리의 두려움, 살아가고 사랑하려는 우리의 욕구.

그 순간 마이크를 통해 나오는 소리가 현실을 일깨웠다. 구조에 참여한 모두에게 기계 작동과 작업을 멈추고 귀를 기울이라는 안내 방송이었다. 현장의 먼지에 치명적인 독성 물질이 가득하니 방독 마스크가 없는 사람은 구조 현장을 떠나라는 경고가 이어졌다. 하지만 어느 누구도 그곳을 떠나지 않았다.

경고의 메시지는 명확했다. "작업 현장에서 먼지를 마시면 나중에 사망에 이를 수 있다!"

구조 참여자들은 그 경고를 받아들이는 사람이 있는지 주변을 둘러봤다. 곧 중장비의 기계음이 다시 울리기 시작했고 모두가 작업을 재개했다. 단 한 사람도 현장을 떠나지 않았다. 나는 그 자리에 서서 감동의 눈물을 흘리며 혼잣말을 했다. "이거야. 바로 이게 우리야. 우리는 이런 사람들이야."

시간이 갈수록 잔해 더미 속에 갇힌 사람을 구할 가능성이 사라졌지만 작업자들은 모두 그 한 가닥의 작은 희망에 기꺼이 목숨을 걸고 있었다. 자신을 돌보지 않는 그런 위대한 이타심을 그때 처음 목격했다. 그 이후 나는 새롭고 더 밝은 시각으로 사람들을 보기 시작했다. 갑자기 나의 모든 물질적인 목표가 하찮게 느껴졌다. 이전에 하던 일을 다시 하려고 할리우드로 돌아간다는 것은 상상도 할 수 없었다. 인류와 지구를 중독시키는 제품을 판매하는 광고를 어떻게 계속 찍을 수 있단 말인가? 자만심을 미화하고 여성을 소품으로 사용하는 뮤직비디오를 어떻게 계속 찍을 수 있겠는가? 그쪽 분야의 내 경력은 거기까지라는 생각이 들었다.

캘리포니아로 돌아간 나는 사용하던 가재도구를 창고에 모두 맡긴 뒤 나파 밸리에 있는 친구의 별장으로 거처를 옮겼다. 그럼에도 할리우드가 끌어들이는 힘은 너무 강했다. 그 힘이 계속 나를 블랙홀 속으로 다시 빨아들였다.

그때 1960년대 클래식 영화 〈이지 라이더〉의 속편 제작을 맡을 생각이 없느냐는 제안이 들어왔다. 자유로운 두 영혼의 모터바이크 여정을 그린 영화였다. 모터크로스 경주를 즐기고, 두 바퀴 달린 탈것이라면 사족을 못 쓰는 나에겐 뿌리칠 수 없는 유혹이었다. 나는 계약을 체결하고 각본을 썼다. 그러나 영화가 제작에 들어가기 직전, 나는 도중하차를 선언했다. 도저히 계속할 수가 없었다. 계약서에 서명한 것이 처음부터 잘못된 선택이었을 뿐 아니라 겨우 빠져나온 그 미로에 다시 들어가는 것은 감당하고 싶지도 않았고 버텨낼 자신도 없었다.

나는 40만 달러를 포기하고 손을 털었다. 뒤돌아보지 않았다. 내가 영화 일을 계속한다면 내 뜻대로 하고 싶었다. 진실한 삶을 살겠다는 목표가 명확해지면서 이제는 가정을 꾸리고 싶었다. 나는 2003년 나디아와 연애를 시작했고, 2009년 결혼했다. 우리는 함께 '엘리베이트 영화제'를 만들어 세계 최대의 단일 스크린 영화제로 발전시켰다. 3년 뒤에 우리는 이 영화제를 인간 의식

고양을 목표로 하는 영화 제작사로 바꿔놓았다.

2011년 7월 우리 아기가 태어날 예정일이 가까워지면서 나디아에게 산기가 있었다. 심각한 복합 증상 때문에 자택 분만 계획을 포기하고 병원으로 달려가 응급 제왕절개 수술을 받았다. 한참 고생한 끝에 아기를 꺼냈는데 뭔가 이상했다. 아이가 울지 않고, 숨을 쉬지도 않았다. 의사들이 차가운 기계 위에 아기를 올려놓고 소생 작업을 시작했다. 나디아는 내 몸이 가리고 있어 그 장면을 볼 수 없었다. 그녀가 내게 물었다. "아무 문제 없죠?"

그때 아내에게 처음이자 마지막으로 거짓말을 했다. "응, 괜찮아, 여보. 아무 문제 없어." 나디아가 미소를 지었다. 그녀 뺨에 예쁜 보조개가 옴폭 들어갔다. 나도 억지로 빙그레 웃었다. 하지만 내 눈은 이미 건너편에서 펼쳐지는 광경으로 향했다. 기계가 이상한 소리를 내기 시작했다. 결코 잊을 수 없는 소리였다. 죽음의 소리처럼 들렸다. 간호사의 얼굴이 모든 것을 말해주고 있었다. 그녀는 나를 안심시키는 미소를 지으려고 애쓰면서 의사들이 아기의 목에 흡입 기구를 밀어 넣는 모습을 내가 보지 못하도록 몸으로 가렸다.

나는 눈을 감고 기도했다. 기도한 경험이 없었기 때문에 누구에게 기도를 해야 할지 알 수 없었다. 아버지? 어머니? 천주님? 부처님? 크리슈나? 그리스도? 다급한 심정에 그들 모두에게 기도했다. 진심을 다해 기도했지만 효과가 없었다. 나는 빌기 시작했다. 내 마음의 소리를 들을 수 있는 누구에게든 아기만 살려달라고 빌었다. 나디아가 다시 물었다. "정말 아무 문제 없어요?" 더는 거짓말을 할 수 없었다. 두 손으로 그녀의 얼굴을 잡고 눈빛으로 진실을 전했다. 나디아의 목소리가 갈라졌다. "뭐가 문제예요? 여보, 왜 그래요?" 나는 다시 눈을 감고 기도했다.

"오, 주님, 제발 아기가 숨을 쉬도록 해주십시오. 그렇게만 해주신다면 이 자리에서 지금 당장 약속하겠습니다. 나의 남은 생을 이 아이를 위해, 그리고 하느님의 자녀 전부를 위해 바치겠습니다." 바로 그 순간, 작은 목소리가 터져나왔다. 의사 중 한 명이 큰 소리로 말했다. "그래, 그렇지. 바로 그거야, 얘야. 우린 이 소리를 듣고 싶었어. 듣고 싶었다고!" 끔찍한 기계음이 멈췄다. 간호사가 감격의 미소를 띠며 말했다. "이 애가 당신 아기예요." 나디아가 물었다. "저 애가 우리 아기라고요?" 내가 고개를 끄덕이며 말했다. "맞아, 우리 아기야." 우리는 얼싸안고 울었다. 그날 나는 비로소 기도하는 법을 배웠다.

이 글을 쓰면서 이처럼 개인적인 이야기를 공개하면 위험할 수 있다는 사실을 나는 잘 안다. 또 현재 우리 나라와 우리 세계를 괴롭히는 불신과 냉소주의도 모르는 바 아니다. 일부 독자는 내가 개인사를 이야기하는 의도와 요점을 잘 모를 수도 있을 것이다. 나는 스스로를 영웅이나 순교자로 생각한 적이 없다. 동정이나 칭찬을 바라지도 않는다. 나의 개인사와 관련해 어느 누구의 공감을 얻고 싶은 생각도 없다. 이런 이야기를 여러분과 나누기로 결심한 것은 여러분이 진실을 알았으면 하는 바람 때문이다. 내가 수입 좋고 안전한 경력을 포기하고 〈플랜데믹〉 같은 다큐멘터리를 만들기로 마음먹은 진짜 이유 말이다.

주류 언론과 주요 디지털 매체들은 내가 유명해지려고, 또는 돈을 벌기 위해 음모론이 가득한 다큐멘터리를 만들어 배포했다고 몰아세운다. 하지만 맹세코 나는 명성에 관심이 없다. 명성을 원한다면 '캔슬 문화(cancel culture, 소셜 미디어에서 자신과 다른 생각을 가진 사람을 배척하고 보이콧함으로써 사회적으로 매장시키는 현상)'가 만연한 지금 같은 시대에 그처럼 공격받기 쉽고 논란 많은 다큐멘터리를 누가 찍으려 하겠는가? 더구나 돈이 내 삶의 목표였다면 내가 수백만 달러를 보장하는 브랜드 라이선스 제안을 수락하고 돈을 챙기는 게 당연하지 않은가?

아울러 주류 언론과 주요 디지털 매체들은 내가 과격한 극우 인사나 되는 것처럼 말한다. 그러나 얼마 전까지만 해도 나는 사회가 용인하는 한도 안에서 가장 왼쪽에 속한 좌익이었다. 나의 활동 경력을 살펴보면 잘 알 수 있다. 현재 나는 민주당 지지자도 아니고, 공화당 지지자도 아니다. 정체성 정치의 허울을 직접 경험하면서 환멸을 느꼈기 때문에 이제 나는 인물보다는 정책을 보고 투표한다.

또 나는 '큐어넌(QAnon) 추종자'도 아니다. 흔히 극우 음모론자 집단으로 알려진 그들의 메시지를 한 건도 읽은 적이 없다. 그 이유는 간단하다. 나는 확인된 출처를 통해 유효성이 입증된 정보에만 관심을 갖는다. 그렇다고 그들이 나쁘다고 비판하는 것은 아니다. 내가 만나본 몇몇 큐어넌 추종자들은 진정성 있는 좋은 사람들이었다. 나에게는 진정성 있는 좋은 사람이라는 사실만 중요하다.

기를 쓰고 우리를 비인간적으로 만들고 분열시키려 애쓰는 세력이 있지만 나는 그들의 승산 없는 게임에 뛰어들 생각이 추호도 없다. 아니, 단호하게 거부한다. 나는 전문 인터뷰어로 일하면서 다른 사람의 말을 잘 듣는 것이 얼마나 중요한지 절실히 깨달았다. 우리 모두는 내면에 자신의 이야기를 갖고 있다. 다른 사람의 이야기를 듣는다는 것은 인간으로서 서로 연결된다는 뜻이다. 우리 인간에게는 서로 간의 연결이 필수적이다. 이 책에 담긴 이야기를 통해 여러분이 자신과 가족, 사랑하는 사람들, 그리고 모든 인류와 좀 더 긴밀하게 연결되기를 바라 마지않는다.

미키 윌리스

비극과 음모
그리고 희망과 기쁨의 이야기

우리가 중대한 일에 대해 침묵하는 순간 우리의 삶은 종말
을 고하기 시작한다. —마틴 루서 킹 주니어

뉴욕

2021년 4월

이 책은 세상에 나오지 말았어야 했다.

우선 이 책에서 묘사되는 사태의 대부분은 사전에 충분히 방
지할 수 있었기 때문이다. 읽어보면 알겠지만, 조금만 다른 결정
을 내렸어도 인류 역사의 흐름을 바꾸고 수많은 생명을 살릴 수

있었던 결정적인 시점이 여럿 있었다.

그러나 개인적인 생각에 이 책이 나오지 말았어야 할 진짜 이유는 그와는 약간 다르다. 처음부터 내가 나설 생각을 하지 말았어야 했다는 사실이다. 나는 지구라는 이 행성에서 40년 가까이 살면서 주류 의학계의 저의를 의심할 이유가 있다고는 추호도 생각하지 않았다.

식품의약국(FDA)의 권고를 꼬박꼬박 따랐고, 소위 '백신 거부자(anti-vaxxers)'들을 이해할 수 없었다. 요즘은 과학을 믿느냐 안 믿느냐가 정치적인 선언으로 받아들여지는 상황이지만 나는 과학을 믿는다고 주저 없이 말할 수 있었다. 또 나는 선거에서 공화당 후보를 찍은 적이 없었다. 그래서 〈플랜데믹 1〉 동영상이 소셜 미디어에 등장했을 때 나는 애써 외면했다. 그 동영상이 표방하는 철학이 마음에 들지 않았기 때문이다. 적어도 그게 내 생각이었다.

이 말을 듣고, 내가 지금부터 하려는 이야기를 무시하려는 사람도 있을 것이다. 지금 우리 세계는 극단적으로 정치화되고 분열되어 있다. 그런 상태에서는 특정 단어나 문구만 들어도 첨예하게 대립하는 사람들 사이에서 곧바로 마음의 문이 닫히면서 열린 대화도, 비판적인 사유도 불가능해진다. '백신' 같은 단어가 대표적인 예다. '민주당' 또는 '공화당'도 그렇다. 그 외에도 수없이 많다. 예스 위 캔(Yes We Can), 미국을 다시 위대하게(Make

America Great Again), 총기, 과학, 흑인의 삶도 중요하다(Black Lives Matter), 여성의 말을 믿어라(Believe Women), 경찰의 삶도 중요하다(Blue Lives Matter), 나의 대통령이 아니다(Not My President), 비리, 조작, 도난당했다, 거짓말……. 이 정도만 거론해도 이미 여러분의 마음속에는 호불호나 분노의 감정이 강하게 일었을 것이다.

그러나 이 모든 대립과 반목, 불협화음과 혼돈에도 불구하고 우리가 주변 세계를 이해하기 위해 사용하는 단어와 문구 이면에는 어떤 상황에도 흔들리지 않는 난공불락의 '진실'이 존재한다. 지금까지 줄곧 탐사 보도 전문 기자로 일해온 나로서는 그 진실을 추구하는 것이 의무이자 열정이었다. 특히 누군가 그 진실을 숨기려고 혈안이 될 때 나의 그런 의지는 더욱 불탄다.

요즘은 '기자', '뉴스', '진실'이라는 단어가 누구에게나 강한 반응을 불러일으키는 시대라는 점을 고려해 미리 밝혀두고자 한다. 나는 진보와 보수, 민주당과 공화당을 막론하고 흔히 말하는 '주류 언론'의 헌신적인 소속원이었던 적이 없다. 동네 서점에 가면 내 책이 진열되어 있고, 사람들이 신문에서 내 기사를 읽었을 수도 있지만 나는 기자로서 대부분 독립적인 노선을 걸었다고 떳떳이 말할 수 있다. 기자 일을 하면서 특별히 누구에게 신세진 적도 없기 때문에 돈이나 정치, 막강한 대기업의 압력에 흔들리지 않고 취재할 수 있었다. 내가 좌우명으로 삼는 조지 오웰의 명언이 그런 사실을 웅변해준다.

"저널리즘이란 다른 사람이 보도되기를 원치 않는 것을 보도하는 것이다. 다른 모든 것은 홍보일 뿐이다."

2020년 내내 기승을 부린 코로나19 팬데믹을 지켜보며 나의 기자 본능이 발동한 것도 같은 맥락에서였다. 코로나19의 기원과 대응책을 둘러싸고 '진실'의 본질을 흐리는 이중 화법, 발언 취소, 번복의 사례가 늘어갔다. 다른 매체 기자들은 너무 게을러서 그런지 트위터 같은 소셜 미디어나 통신사가 제공하는 기사를 그대로 받아 재가공하기만 했다. 너무 답답해서 내가 직접 나설 수밖에 없다고 생각했다. 팬데믹에 제대로 맞서지 못하고 세계가 우리 주변에서 무너져 내리는 듯한 이유가 무엇인지 알아내기 위해 독자적인 조사에 착수했다.

사람들이 음모론으로 낙인찍은 다큐멘터리 〈플랜데믹〉이 나의 조사 대상이 된 것은 너무도 당연한 일이었다. 처음에는 그 내용의 허구를 밝히는 것이 누워서 떡 먹기라고 생각했다. 반(反)진실, 반(反)과학, 팬데믹에 대한 고도로 정치화된 반응의 집합체라고 생각했기 때문이다.

그러나 곧바로 내 머릿속에서 기막힌 반전이 일어났다. 〈플랜데믹〉 속으로 깊이 들어가 실체를 파헤쳐본 결과, 그때까지 내가 생각했던 것이 완전히 잘못되었다는 사실을 깨달았다. 나는 〈플랜데믹〉 제작팀이 명백히 틀린 부분을 발견하려고 애썼다. 비판자들이 쓴 많은 글에서 행간을 읽은 끝에 나는 다음과 같은 사실을 확인할 수 있었다. 그들은 〈플랜데믹〉의 메시지를 말도 안 된다며 불쾌하게 생각할 뿐, 그 안에 담긴 주장이 거짓이라는 것을 시사하는 어떤 증거도 제시하지 못했다.

나는 궁금했다. 〈플랜데믹〉 제작팀은 어떻게 그토록 도발적이고 논란 많으면서도 그토록 끈질기게 정직한 작품을 만들어낼 수 있었을까? 그 다큐멘터리가 어떻게, 또 왜 그처럼 충격적인 문화 현상이 될 수 있었으며, 또한 그것이 지금 우리가 겪고 있는 코로나19 팬데믹에 관해 무엇을 말해주고 있을까? 그 의문을 풀기 위해 그들에게 연락했다.

이 책을 읽으려고 집어 들었다면 여러분은 아마도 그 답을 안다고 생각할지 모른다. 또 〈플랜데믹〉을 보지 않았다 해도 그 작품에 대한 나름대로의 견해를 갖고 있을지 모른다. 여러분이 어떻게 생각하든 내가 독자 여러분에게 당부하고 싶은 것은 똑같다. 마음의 문이 닫히기 시작하는 순간을 경계하면서 끝까지 열린 마음을 유지하라는 부탁이다.

코로나19 팬데믹은 우리의 삶 대부분에 가장 큰 영향을 미치는 전례 없는 경험이다. 따라서 우리 자신을 위해, 또 코로나19로 목숨을 잃은 수백만 명의 사람들을 위해, 그리고 미래 세대를 위해 우리가 반드시 해야 할 일이 있다. 실제로 무슨 일이 일어났으며, 그런 식으로 될 수밖에 없었는지 철저히 조사하여 진실을 밝히는 일이다. 나 개인적으로는 정부와 의학계가 진실에 입각해 올바른 결정과 선택을 했더라면 결코 이 지경까지 이르지는 않았을 거라고 믿는다.

록다운(lockdown, 이동 제한을 포함한 사회적 봉쇄 조치) 등 엄격한 사회적 거리 두기가 완화되고 확진자 수가 줄어들면 이런 고통스러운 팬데믹이 일어났다는 사실을 곧바로 잊어버리고 그냥 미래로 나아가고 싶은 유혹이 클 수 있다. 그러나 우리 모두가 경험하고 있는 코로나19 팬데믹의 진실을 직시하지 않는다면 이 공포의 악몽을 극복할 수 없다. 공포는 이제 시작일 뿐이다.

이 엄청난 인간적인 비극에서 우리 모두 교훈을 얻어 더 나은 시대로 나아갈 수 있다고 내가 믿을까? 사실 나는 회의적이다. 그래서 나는 이 책의 표지나 내지에 내 이름을 내지 않기로 했다. 내가 취재하고 조사하고 쓴 내용이 자신 없어서가 아니다. 나는 진실을 밝히기 위해 최선을 다했다고 스스로 믿고 있으며, 또 자랑스럽게 생각한다. 엄밀히 말해 내가 익명으로 이 책을 쓰는 것은 나의 안전과 나의 경력 그리고 나의 가족을 지키기 위해서다. 비방자들의 공격에 나를 내놓고 싶지 않다.

이 책을 냉철한 마음으로 읽으며 사실에 입각한 증거와 논거에 따라 판단하는 독자도 있을 것이다. 그러나 앞부분 몇 쪽만 읽고 온라인 '후기'를 올리는 사람도 있으리라고 생각한다. 평가 점수로 별 하나를 주든 별 다섯 개를 주든 나는 개의치 않는다.

다만 사실 이외의 것을 기초로 나를 판단하려는 사람들에게 평가받고 싶지 않을 뿐이다.

그렇다면 나는 왜 이 책을 썼을까? 아주 중요한 이유가 있다. 한 사람이 다른 사람과 이야기를 나눌 때 발휘되는 긍정적인 에너지를 살리고 싶어서다. 이 위대한 지구촌 사회가 그렇게 출발하지 않았는가? 우리 나라와 우리 세계의 분열상을 치유하고자 한다면 우리는 서로 이야기를 나누는 초심으로 돌아가야 한다.

따라서 이 책을 읽는 여러분에게 심장으로, 그리고 마음으로, 이 책이 들려주는 이야기에 귀를 기울여보라고 말하고 싶다. 끝까지 읽은 뒤에도 코로나19 팬데믹에 관한 생각이 지금과 똑같다면, 또 새로 알게 된 것도 없고 관점이 조금도 달라지지 않았다면 별 하나짜리 후기를 올리기 바란다. 하지만 이 책의 마지막 페이지를 읽을 때쯤 자신이 달라진 것을 발견한다면, 여러분은 이 이야기를 자신만의 비밀로 간직하지 말고 다른 이들과 나누기 바란다. 이것은 비극과 음모, 죽음의 이야기이면서도 희망과 기쁨, 그리고 인간적 경험의 무한한 가능성에 대한 이야기다. 자, 이제 이야기를 본격적으로 시작해보자.

제1장
코로나19 팬데믹의 서막

나는 국민을 굳게 믿는다. 국민에게 진실을 알려주면 그들은 어떤 국가적 위기도 헤쳐나갈 수 있다. 무엇보다 중요한 점은 그들에게 사실을 있는 그대로 알려주는 것이다.

— 에이브러햄 링컨

중국 우한시 우한 바이러스 연구소

2019년 12월

방호 장비를 갖춘 연구원들이 거대한 콘크리트 건물 안의 형광등 아래서 소리 없이 움직였다. 우주복 같은 하얀 방호복, 커다란 녹색 장갑, 아이들이 물웅덩이에서 첨벙거리며 놀 때 신는 것 같은 흰 플라스틱 장화. 이 우한 바이러스 연구소(WIV)의 실험실이 치명적인 병원체로 가득하지만 않다면 마치 코미디처럼 보일 수도 있는 광경이었다.

연구원들은 이 시설 내부의 위험한 공기에 익숙해 있었다. 그들이 매일 다루는, 보이지 않는 입자 단 하나만으로도 도시 전체를 쓸어버릴 수 있었다. 더욱이 연구소가 위치한 우한은 인구가 1100만 명이나 되는 대도시가 아닌가? 그럼에도 그들 중 일부는 연구와 더불어 안전에 만전을 기해야 하는 막중한 책임을 감당하기엔 역부족이었다.

2000년대 초 우리는 사스(SARS)라는 낯선 이름의 감염병을 처음 접했다. 코로나바이러스가 일으키는 중증 급성 호흡기 증후군이다. 2012년에는 메르스(MERS)라는 또 다른 코로나바이러스 감염병이 유행했다. 중동 호흡기 증후군이었다. 바로 다음 해에는 더 치명적일 수 있는 사스 코로나바이러스 변종이 중국에서 발견되었다. 그러나 우리 세계는 낙타가 바이러스 매개체로 알려진 메르스에 정신이 팔린 나머지 신종 코로나바이러스의 발견에 신경을 쓰지 못했다. 이 바이러스는 우한 바이러스 연구소의 머리글자를 따서 WIV1이라는 암호명으로 불렸다. WIV1은 앤서니 파우치 박사가 소장으로 있는 미국 국립알레르기·전염병 연구소(NIAID)의 재정 지원을 받는 미국과 중국 연구원들 외에는 아무도 관심을 갖지 않았다. 이어 2015년 미국 노스캐롤라이나 대학의 랠프 배릭 박사와 우한 바이러스 연구소 신흥감염병 센터장인 스정리(石正麗) 박사는 WIV1에 대한 연구 결과, "사람도 감염될 수 있는 바이러스"라고 발표했다.

불길한 소식이었다. 만약 WIV1에 감염된 사람이 나타난다면 그 장소는 우한이 될 가능성이 컸다.

미국 연구원들은 일찍이 2016년 중국에 "실험실의 생물 안전에 정통한 관리, 전문가, 과학자가 턱없이 부족하다"는 사실을 파악했다. 가장 큰 우려는 실험실 연구원들이 안전 수칙을 제대로 지키지 않아 부주의로 바이러스에 감염된 뒤 본의 아니게 그 바이러스를 지역 사회 전체에 퍼뜨리는 것이었다. 그런데도 중국 지도부는 안전성 확보보다는 더 많은 생물의학 연구에 박차를 가하는 데 힘을 쏟았다.

2017년 우한 바이러스 연구소가 4400만 달러를 들여 새로운 국립생물안전실험실을 공식 개장했을 때 전 세계의 과학자들은 이곳에서 이루어지는 실험이 재앙을 부르는 지름길이 될 것이라고 경고했다. 실제로 베이징의 주요 실험실에서 사스 바이러스가 유출된 사고가 이미 여러 차례 발생했고, 또 중국 정부가 우한 실험실의 안전을 최고 수준으로 유지하겠다고 약속했지만 여전히 유출 또는 연구원의 감염 위험이 컸다. 1,500종 이상의 바이러스를 다루는 곳에서 치명적인 바이러스 하나가 연구원들의 코앞에서 유출될 가능성은 얼마든지 있었다.

초기 징후는 좋지 않았다. 미국 국무부에 따르면, 2018년 초 베이징 주재 미국 대사관 관리들은 우한 바이러스 연구소 실험실의 충분하지 않은 안전 조치에 대해 공식적으로 두 차례나 경고했다.

사실 미국 측에서만 문제를 제기한 것은 아니었다. 중국 정부의 선전 매체도 안전 점검 결과, 우한 바이러스 연구소 실험실에서 여러 건의 사건과 사고가 발생했다고 보도했다. 중국 언론이 정부 프로젝트의 실패를 좀처럼 인정하지 않는 관례에 비추어보면 매우 이례적인 보도였던 만큼 문제가 상당히 심각했다는 뜻으로 이해할 수 있다.

공개된 한 안전 점검 보고서에 따르면, 우한 바이러스 연구소 실험실은 여러 항목에서 중국의 국가 안전 기준에 부합하지 못했다. 특히 보고서 작성자들은 코로나바이러스를 연구하기 위해 포획한 박쥐를 다루는 일과 관련해서 우려를 표했다. 연구원들은 박쥐의 공격을 받아 자신들의 피부에 박쥐 혈액과 배설물이 묻은 적이 있다고 인정했다. 외부 세계가 우려한 것이 바로 그런 박쥐와 인간 사이의 접촉이었다. 아울러 잘 드러나지는 않지만 실험실 내부에서 박쥐가 다른 동물과 접촉하는 것도 감염 연쇄 반응을 일으킬 수 있었다. 그런 감염은 세계 전체를 위협할 위력을 갖고 있다.

이런 사실을 알면서도 미국 국립보건원(NIH, 파우치 박사가 소장으로 있는 NIAID의 상위 기관이다)은 박쥐가 보유한 코로나바이러스를 연구하기 위해 우한 바이러스 연구소에 재정적인 지원을 계속했다. 미국에서는 그런 연구 대부분이 안전성 문제로 금지되기 때문이었다.

하지만 더 놀라운 것은 그 재정 지원에 박쥐의 코로나바이러스를 인간에게 더욱 치명적인 바이러스로 개조하는 메커니즘에 대한 연구도 포함되었다는 사실이다. 미국의 전염병 예방 비영리 단체인 에코헬스 얼라이언스(Ecohealth Alliance)는 NIH 보조금을 받아 우한 바이러스 연구소의 연구를 우회적으로 지원했다. NIH의 에코헬스 얼라이언스 지원은 2020년 4월까지 계속되었다. 더구나 그것은 무작위적인 지원이 아니라 특정 연구를 목표로 했다.

파우치 소장이 이끄는 NIAID는 1999년부터 '유전자 재조합' 코로나바이러스에 대한 연구를 지원하기 시작했다. 목표는 "감염성 있는, 복제 결손(recombinant, 자가 복제 능력이 없다는 뜻이다) 코로나바이러스"를 만드는 것이었다. 쉽게 말해 그들은 코로나바이러스를 약한 전파력으로 인간을 감염시킬 수 있는 기술로 사용하려 했다는 뜻이다. 노스캐롤라이나 대학(채플힐 캠퍼스)에서 실시된 이 연구 결과는 미국 특허 7,279,327호로 등록되었다. 이 특허는 사스가 세계에 처음 등장하기 직전인 2002년 '복제 결손 코로나바이러스 제조법'이라는 이름으로 출원되었다.

코로나바이러스 연구는 의학과 생물 테러 양쪽 면에서 다양한 잠재적 응용을 위해 고도로 조작 가능한 바이러스를 제어하는 수단으로서 많은 나라가 관심을 갖고 적극 지원했다. 미국에서는 질병통제예방센터(CDC)가 코로나바이러스 자체의 유전자 정보(염기 서열)에 대한 여러 건의 특허를 서둘러 출원했다. 자연적인 발생 현상은 특허 대상이 될 수 없지만 그 현상을 연구하는 과학적인 절차와 방법은 특허 출원이 가능하다. 코로나바이러스에 대한 특허를 확보하면 백신을 포함한 향후 코로나바이러스 연구를 통제할 수 있다. CDC는 1990년대 후반 여러 곳에서 출원된 코로나바이러스 관련 특허의 수에 근거해 이 바이러스 계열의 활용도가 급증할 것으로 예상했다. 그것은 잠재적 수익성도 그만큼 크다는 의미였다.

2019년 12월 우한 바이러스 연구소의 왕옌이(王延軼) 소장은 그런 사실을 되짚어보면서 불안감을 떨칠 수 없었을 것이다. 우한시 전역에서 몇 주 동안 설명이 불가능한 폐렴이 계속 번졌고, 의사들이 그 원인으로 코로나바이러스를 지목했기 때문이었다. 왕옌이 소장이 이끄는 팀은 이 코로나바이러스가 오래 사장되었던 종(種)이 다시 등장한 것인지 아니면 새로운 종인지 밝히는 연구에 착수했다. 만약 새로운 종이라면 훨씬 더 위험할 수밖에 없었다.

초기 연구 결과, 이 바이러스는 거의 20년 전 박쥐에서 분리한 코로나바이러스종의 유전자와 96% 일치했다. 하지만 그런 사실을 제외하면 완전히 새로운 종처럼 보였다.

환자들의 검체에서 채취한 바이러스 샘플이 2019년 12월 20일 우한 바이러스 연구소 실험실에 도착했고, 연구소 과학자들은 2020년 1월 2일 이 바이러스의 유전자 염기 서열을 발표했다. 이 코로나바이러스가 새로운 종으로 확인되었다는 사실은 1월 11일 세계보건기구(WHO)에 보고되었다. 의학 전문 매체 '스탯(STAT)'의 1월 11일자 보도에 따르면, 중국 국영 언론은 이 신종 코로나바이러스에 의한 질병(이후 코로나19로 지칭되었다)의 첫 공식 사망 소식을 전했다.[1]

미국 유기농소비자협회(OCA)가 2021년 7월 9일 배포한 보도 자료에 따르면, 노스캐롤라이나 대학의 랠프 배릭 박사와 NIAID, 제약사 모더나는 새로운 코로나바이러스 백신을 만들기 위한 물질 이전 계약(MTA)을 2019년 12월 12일 체결했다. 여기서 시점이 중요하다. 그 계약이 체결된 날은 신종 코로나바이러스가 공식 확인되기 몇 주 전이었다.[2]

신종 코로나바이러스의 염기 서열이 밝혀지면서 왕옌이 소장과 우리 세계는 그 실체를 알게 되었다. 그러나 이 바이러스가 어디서 왔으며, 처음에 어떻게 사람을 감염시키기 시작했을까? 그 기원은 오리무중이었다. 하지만 당시에 그보다 더 중요하고 시급한 문제가 있었다. 코로나19 바이러스의 세계적인 전파를 막기에는 이미 너무 늦은 것일까?

미국 캘리포니아주 오하이

오하이는 캘리포니아주의 산악 지대에 위치한 작은 읍이다. 중국의 코로나바이러스 연구 실험실과는 거의 지구 반대편에 있다. 로스앤젤레스에서 자동차로 한 시간 반이 걸린다. 분위기도 시끌벅적한 할리우드와는 완전히 딴판으로, 조용하다 못해 적막할 정도다. 그곳에 가려면 구불구불한 산악 도로를 따라 천천히 고지대로 올라가야 하기 때문에 완전히 새로운 느낌의 사고가 필요하다. 수령 수백 년에 이르는 아름드리나무들이 만든 자연 아치를 통과하면 굽이진 도로 뒤에서 불쑥 반짝이는 호수가 나타난다. 그리고 녹색의 나뭇잎 사이로 예쁜 농가가 자리 잡고 있다. 그러다가 갑자기 하늘에서 숲속으로 떨어진 듯한 작은 읍내가 눈에 들어온다.

읍내 중심지 상가 구역을 관통하는 유일한 좁은 도로변에는 나무 간판을 내건 스페인풍의 흙벽돌 건물들이 늘어서 있다. 채식주의 식당들이 커피숍, 세무사와 변호사 사무실, 디자인 스튜디오들과 다정하게 붙어 있다. 한적한 골목길에 위치한 어둡고 평범한 건물 맨 위층으로 올라가면 '엘리베이트 프로덕션스' 사무실이 있다.

엘리베이트는 미키 윌리스와 그의 아내이자 프로듀서인 나디아 살라만카, 그리고 여러 나라의 협력자들이 세운 회사다. 윌리스는 이 회사를 설립하기까지 숱한 우여곡절을 겪었다. 그는 형과 어머니를 잃고 몇 년 뒤인 2001년에는 9·11 테러 공격을 당한 뉴욕 세계무역센터 근처에 있었다.

그런 끔찍하고 충격적인 경험은 곧잘 트라우마로 마음 깊이 자리 잡아 세상을 원망하게 만들지만 윌리스는 거기서 오히려 다른 사람들과의 깊은 유대감과 인간애의 진정한 의미를 발견했다. 그는 주류 언론이 9·11 테러 공격 이후 자신을 희생하며 구조 활동에 참여한 사람들의 긍정적인 이야기를 전하는 데는 관심이 없고 오로지 비극과 테러 이야기에 몰입하는 모습에 환멸을 느꼈다. 그래서 할리우드 영화감독으로서의 전도유망한 경력을 내던지고 삶에서 좋은 일에 관한 이야기를 전하면서, 다른 사람들도 그렇게 하도록 격려하는 작품 제작으로 눈을 돌렸다.

윌리스는 나와 가진 인터뷰에서 자신에게 찾아온 변화의 과정을 이렇게 설명했다.

"9·11 테러 공격으로 무너진 세계무역센터의 잔해 더미에서 인명 구조 경험을 하기 전에는 나도 모든 물질적 숭배 대상을 손에 넣으려고 발버둥쳤다. 할리우드에서 일하는 사람들이 얻으려고 애쓰는 모든 것을 나도 얻고 싶었다. 그것이 성공의 상징이라는 생각이 머리에 박혀 있었다. 그러나 얼마 전까지만 해도 막강한 국제적인 권력의 상징이었던 세계무역센터 건물이 한순간의 테러 공격으로 완전히 무너져 내리고, 또 내가 그 잔해 위에 서 있는 동안 나의 모든 것이 바뀌었다. (……) 구조 작업을 벌이는 중장비가 고급 승용차들을 뒤집어 뭉개고 사람의 신체 부위가 주변에 흩어져 있는 것을 보았을 때 갑자기 내가 그때까지 중시했던 인생의 목표가 하찮고 허망하게 느껴졌다.

그 경험이 나에게는 큰 깨달음의 계기였다. 이전에 하던 일을 더는 할 수 없다는 생각이 들었다. 그때까지 내가 다른 사람의 꿈을 이루기 위해 살고 있었다는 사실을 절감했다. 그래서 '할리우드 비즈니스'에 계속 몸을 담아야 한다면 좀 더 의미 있는 일을 하겠다고 결심했다."

그 결심은 2005년 엘리베이트 영화제의 탄생으로 이어졌다. 윌리스는 이렇게 설명했다.

"전통적인 영화제라기보다 게릴라 영화 제작 대회의 성격이었다. 전 세계의 감독들을 대상으로 짧은 시간 안에 단편 영화를 제작하도록 장려하는 것이 목표였다. 우리는 영화제에 참여하는 감독에게 소정의 예산을 지급한 뒤 세계 각지에서 인간 정신을 고양하는 이야기를 발굴하도록 했다. 부정적인 뉴스와 우울한 담론에 신물이 난 우리는 아티스트와 스토리텔러들이 모든 분야의 혁신가, 영웅, 또는 세계 각지에서 일어나는 멋진 일 등 인간성의 긍정적인 면에 초점을 맞추도록 유도했다.”

동네 요가 교습소에서 작은 모임으로 시작된 이 영화제는 얼마 지나지 않아 LA의 노키아 극장을 다 채우는 약 6,000명 규모의 관중을 끌어들일 정도로 급성장했다.

윌리스는 이 영화제의 총감독으로서 각각의 영화 제작 과제를 개발하는 일을 맡았다. 그중 하나가 LA의 도시 농민을 다룬 다큐멘터리였다. 그는 이렇게 설명했다.

“LA의 도시 농민 대다수는 이민자들이었다. 일부는 합법적이고 일부는 그렇지 않았다. 그들은 산업 시설이 대부분인 사우스 센트럴 LA 한가운데 아름다운 정원 농장을 만들었다. 그들은 콘크리트 정글을 놀라운 오아시스로 만들어 그곳에서 유기농 농산물을 재배하고 판매함으로써 지역 사회 전체에 도움을 주었다.”

도시 농장 사업이 한창 잘되고 있을 때 그 땅을 소유한 부동산 거물이 구역 전체를 매각하기로 결정했다. 윌리스는 이렇게 말했다.

“우리는 ‘사우스 센트럴 농민들’이라고 제목 붙인 단편 영화를 만들어 널리 홍보하며 매각 결정의 부당함을 알렸다. 하룻밤 사이에 언론과 수많은 시민이 몰려와 정원 농장에 생계를 의지한 농민 가족들을 지지했다. 나에게는 그것이 다큐멘터리 제작으로 사람들에게 올바른 행동을 하도록 만든 첫 경험이었다. 그 일이 내 마음속에 새로운 창작의 불을 지폈다.

나는 그전까지 줄곧 외면해온 것들을 새롭게 주목하기 시작했다. 정치가 그 예다. 그때 내 나이 30대 후반이었지만 한 번도 투표한 적이 없었다. 그러다가 버락 오바마가 등장했다. 그는 내가 난생처음으로 투표한 대통령 후보였다. 나는 최면에 걸린 듯 그에게 빠져들었다. 오바마가 대통령 취임 선서를 한 날 밤, 나는 너무 감동한 나머지 눈물까지 흘렸다. 가족을 소중히 여기는 이 아름다운 남자가 선거에서 내건 '희망과 변화'라는 공약을 반드시 이행할 것이라고 철석같이 믿었다. 그러나 4년 뒤 그의 첫 임기가 끝날 즈음이 되자 그도 이전의 여느 대통령들과 다름없어 보였다. 오바마 역시 어쩔 수 없는 정치인이었다. 나는 다시는 투표하고 싶지 않았다."

2016년 대선에서는 민주당 대통령 후보 경선에 나선 버니 샌더스 상원의원이 돋보였다. 윌리스는 "내가 사랑하고 믿는 사람들은 거의 대부분 샌더스는 일반 정치인과 정말 다르다고 입을 모았다"라고 그때를 기억했다. "그들은 수십 년 전으로 거슬러 올라가는 샌더스의 동영상 링크를 나에게 보내주었다. 살펴보니 그의 메시지는 언제나 변함이 없었다. 특히 혼자 자녀를 키우는 어머니들에게 관심을 쏟으며 사회에서 소외된 계층을 지원할 필요성을 강조하는 그의 모습이 감동적이었다. 나의 어린 시절을 떠올리게 했다. 나는 '내가 어렸을 때 그가 대통령이었더라면 얼마나 좋았을까'라고 생각했다."

친구들 그리고 동료 사회 운동가들과 그런 문제의 해결책을 공유하고 싶어 하던 윌리스는 온라인으로 샌더스를 홍보하기 시작했다. 곧 그는 샌더스의 선거 캠프와 관련된 여러 온라인 단체에서 열정적으로 활동하게 되었다. 샌더스가 오하이 부근에 있는 캘리포니아주 벤투라에서 유세할 예정이라는 소식을 들은 윌리스는 현장에 꼭 가야 한다고 생각했다. 유세장에 간 것은 그때가 처음이었다. 단순히 참가하는 데 그치지 않고 샌더스의 유세 과정을 촬영할 생각이었던 그는 샌더스 선거 캠프의 촬영 허가를 받고 유세 당일 카메라를 들고 현장으로 달려갔다.

유세 직전 샌더스를 지지하는 인기 연예인들의 기자 회견이 열렸을 때도 윌리스는 그 행사를 카메라에 담았다. 그는 당시의 모습을 이렇게 돌이켰다.

"오래된 레저용 차량이 멈추더니 할리우드 스타인 로사리오 도슨과 셰일린 우들리가 내렸다. 나는 카메라 뒤에 서 있었는데 도슨이 내 쪽을 똑바로 쳐다봤다. 그녀의 눈이 커지더니 '어머, 이런!' 하며 손을 흔들었다. 나는 그녀가 누구에게 손을 흔드는지 보려고 뒤돌아섰다. 하지만 내 뒤에는 아무도 없었다.

그녀가 다가오더니 '사랑해요'라고 말하며 나를 꼭 안아주었다. 그녀가 나를 다른 사람으로 착각했다는 생각이 들었지만 나도 포옹을 거부하지 않고 다정하게 얼싸안으며 '사랑해요'라고 말했다. 진심이었다. 나는 그녀의 팬이었기 때문이다. 또 나는 동영상으로 그녀가 버니 샌더스 유세에서 연설하는 모습도 보았다. 나는 그녀가 나를 누구라고 생각했든 간에 그 사람이 되고 싶었다."

알고 보니 도슨은 윌리스가 누구인지 정확히 알고 있었다. 윌리스는 종종 자신이 제작한 동영상을 페이스북에 올렸는데, 그중 하나가 1억 뷰를 기록했다. 도슨도 그 동영상을 보았다.

휴대전화로 찍은 그 1분짜리 동영상을 보면 윌리스가 두 아들(아자이와 주리)과 함께 차에 타고 있다. 윌리스는 휴대전화 카메라에 대고 아자이가 자신의 생일 파티에서 같은 선물을 두 개 받아 그중 하나를 교환하기 위해 장난감 가게에 갔다 오는 길이라고 말한다. 아자이가 새로 고른 장난감은 〈인어 공주〉에 나오는 캐릭터 에리얼의 인형이었다.

윌리스는 2015년 8월 23일 올린 그 동영상에서 이렇게 묻는다. "아들이 인어 공주 인형을 원할 때 아빠는 어떤 기분일 거라고 생각하나요?"

뒤에서 아자이가 빙긋이 웃으며 "그래, 아주 좋아!"라고 말할 것이라고 대신 답한다. 그러자 윌리스가 받아서 이렇게 말한다. "'그래, 정말 아주 좋아!'라는 게 내 반응이죠. 나는 아이들이 자신의 삶을 스스로 선택하도록 맡겨두거든요. (……) 우리는 아이들에게 이렇게 말해요. '그래, 좋아! 그걸 선택해, 너희가 표현하고 싶은 것이 무엇인지 마음대로 골라. 관심 가는 것을 마음대로 해. 성적 취향이든 무엇이든 너희가 원하는 대로 해.' 아들들아, 이 주차장의 뜨거운 차 안에 앉아 있는 지금 내가 약속하마. 너희를 끝까지 사랑하고, 너희가 어떤 인생을 선택하든 너희를 있는 그대로 받아들이겠다고 말이다."

윌리스는 아이들이 태어난 이래 계속 그들과 함께한 정다운 순간들을 기록해왔다. 그러나 이 동영상에는 무언가 특별한 것이 있었다. 이 동영상이 전 세계에 퍼지면서 주요 TV 방송사는 그를 대담 프로그램에 초대하여 그가 가장 좋아하는 주제인 아버지 역할에 관해 진행자와 이야기를 나누도록 했다.

그러나 그는 곧 자신의 메시지가 오해받고 있다는 사실을 알았다. 논란의 핵심은 아들들에게 '성적 취향'을 마음대로 선택해도 좋다고 말한 부분이었다. 윌리스는 이렇게 설명했다.

"당시 두 살, 네 살에 불과했던 아들들이 그 뜻을 이해하리라 기대하고 말한 게 아니었다. 그들이 성장해서 그 뜻을 이해할 시기가 되었을 때를 겨냥한 메시지였다.

이 세상에서 무슨 일이 일어나든, 개인적으로 어떤 선택을 하든 아이들을 향한 나의 사랑은 변치 않는다는 점을 강조하고 싶었을 뿐이다. 당시 내가 인지하지 못한 것은 성적 정체성을 지우려는 사회적인 운동이 태동하고 있었다는 사실이었다."

윌리스는 다음과 같이 부연 설명했다.

"이 점을 확실히 해두고 싶다. 나는 개인적인 자유를 전적으로 지지한다. 주변 사람들과 우리 환경에 해를 깨치지만 않는다면 다른 사람이 살아가는 방식을 두고 판단하는 것은 내가 할 일이 아니다. 자신의 삶을 자기 스스로 선택할 권리를 인정하지 않는다면 내가 어떻게 자유롭게 살 수 있겠는가? 타고난 대로 사는 것이 정답이다. 자신의 선택이 이성애자로 살아가는 것이라면 그렇게 살면 된다. 동성애자로 살기를 원한다면? 그 역시 좋다. 전통적인 성별 구분을 초월하는 젠더 플루이드(gender fluid)를 지향한다면? 그 또한 그렇게 살면 된다. 그러나 우리는 새로운 이념이 우리의 본성을 지울 수 있는 힘을 갖도록 허용하는 데는 위험이 따른다는 사실을 인식할 정도로 지혜로워야 한다. 아무튼 나의 소견으로는 우리가 자연과 분리되는 것이 지금 우리 사회가 직면한 모든 문제의 근원이다.

내가 이해하는 '성 정체성'이란 생식이 가능한 존재로서 우리의 고유한 특성을 표현하기 위해 우리가 선택하는 방식을 의미한다. 우리 아이들은 아직 어리지만 언젠가 어른이 될 것이다. 내 임무는 그들이 가능한 한 최고의 남성이 되도록 인도하는 것이다. 어떤 이유로든 아들 중 한 명이나 둘 다가 전통적으로 규정되는 남성이라는 성 정체성에서 벗어나는 특성을 표현하기로 선택한다 해도 나는 이전과 똑같이 그들을 사랑하고 지지할 것이다.

결국 자유에 관한 문제다. 선택할 수 있는 자유 말이다. 나도 반항적이었던 젊은 시절을 거쳐 지금의 부모가 되었다. 그래서 내가 나의 비전에 맞춰 아이들을 키우려고 애쓸수록 그들이 원치 않는 것을 강요하게 된다는 사실을 잘 안다. 언제나 그들 가까이 있는 동시에 그들에게 방해되지 않는 것이 내가 해야 할 역할이다."

성 정체성과 관련된 논란에도 불구하고 윌리스의 동영상은 바람직한 아버지의 역할 모델에 굶주린 세대의 심금을 울렸다. 도슨도 윌리스의 동영상을 팔로우하는 팬 중 한 명이었다. 윌리스는 이렇게 말했다.

"그녀는 나에게 '당신의 동영상을 많은 사람과 공유해요'라고 말하며 나를 칭찬했다. 그래서 나는 '이거 대단한데. 그녀가 진짜 나를 알고 있잖아? 정말 신나는 일이야!'라고 생각했던 기억이 난다."

그때부터 도슨은 윌리스의 후견자처럼 그에게 행사장을 안내하며 사람들을 소개했다. 또 그녀는 윌리스를 할리우드 배우 세일린 우들리와도 연결해줬다. 우들리는 사회적인 문제 해결에서 윌리스와 의기투합했다. 세 사람은 만난 지 얼마 되지 않아 친구이자 동료가 되었다.

윌리스는 이렇게 회상했다.

"우들리와 도슨이 '우리 캠프에서 전국 투어를 할 건데 같이 가요!'라며 나를 초대했다. 나는 곧바로 아내 나디아에게 전화를 걸어 내가 전국 투어에 따라가는 것을 어떻게 생각하는지 물었다. 아내는 당연하다는 듯 '얼마나 좋은 기회인데 마다해요? 가세요'라며 흔쾌히 동의했다. 내 아내는 정말 놀라운 여자다. 나는 곧장 집으로 가서 여행 가방을 꾸린 뒤 가족들과 작별 키스를 하고 집을 나섰다."

윌리스는 샌더스 캠프에 공식 채용되지는 않았으나 캠프의 가장 유력한 지지자들과 친한 관계로 언제든 그곳에 출입할 수 있었다. 그는 "무대 뒤든 무대 위든 어디든 내가 원하는 곳으로 갈 수 있었다"라고 말했다. "캠프에 공식 입단한 것도 아니고, 내 도움에 수고비를 주겠다는 제안도 없었다. 단지 이 퉁명스러운 노인(버니 샌더스 후보를 가리킨다)이 혼란스러운 우리 나라에 균형을 찾아줄 수 있다면 나는 기꺼이 내가 비용을 전부 부담해서라도 그의 모든 행사에 참가하고 아무런 보상도 받지 않고 그를 위해 일하고 싶었다. 그래서 나는 샌더스의 풀뿌리 사회 운동을 위한 짧은 홍보 동영상들을 여러 편 제작해 배포했다."

그러나 윌리스 주변의 모두가 그처럼 샌더스에게 열광하지는 않았다. 윌리스가 사회주의를 지향하는 샌더스의 열차에 올라타는 것을 보고 우려한 친구들이 그를 만류하기 시작했다. 그중 일부는 사회주의 국가들에서 미국으로 이민 온 사람들이었다. 한 명은 샌더스의 고향인 버몬트주 출신으로, 샌더스와 그의 가족들을 개인적으로 알고 있었다. 그처럼 샌더스를 잘 아는 사람들이 말려도 윌리스는 그의 비전을 굳게 믿었기에 그들의 경고에 귀 기울이지 않았다.

윌리스는 나와 가진 인터뷰에서 이렇게 말했다.

"나는 그 친구들과 일일이 토론하고 싶지도 않아서 그냥 일방적으로 이야기했다. '시간과 정성을 들여 나를 걱정해줘 정말 고맙네. 하지만 내가 직접 샌더스와 그의 아내, 심지어 그의 손자 손녀까지 만나보았는데 정말 좋은 사람들이었어. 난 그를 좋아하지 않을 수 없네. 걱정해줘서 고맙지만 그에 대한 나의 지지는 조금도 변함이 없네.'"

한 친구는 샌더스가 라이벌인 힐러리 클린턴 후보(전 퍼스트레이디이자 전 국무 장관)를 공개적으로 비판하지만 결국 경선에서 패배한 뒤 그녀를 지지하게 될 것이라고 주장했다. 당시 윌리스로서는 생각조차 할 수 없는 일이었다.

윌리스는 이렇게 기억했다.

"그 친구는 '샌더스가 어쩔 수 없이 힐러리 클린턴을 지지하게 될걸'이라고 말했다. 나는 이렇게 응수했다. '그건 말도 안 되지. 이제 나는 자네 말을 듣지 않을 거야. 샌더스가 힐러리 클린턴을 지지하는 일은 절대 없을 거야. 샌더스는 정치에 입문한 이래 힐러리 클린턴 같은 사람들과 민주당 전국위원회 같은 부패한 조직을 상대로 투쟁해온 인물이야. 자네 생각이 틀렸어.'"(샌더스는 민주당 경선 과정에서 힐러리 클린턴과 치열한 공방전을 펼쳤고, 전당 대회 직전에는 경선을 관리하는 지도부인 민주당 전국위원회가 샌더스의 약점을 캐고 그에 대한 욕설을 주고받은 이메일이 폭로되기도 했다 - 옮긴이)

윌리스는 나에게 이렇게 설명했다.

"나는 정치를 잘 모르지만 빌과 힐러리 클린턴 전 대통령 부부의 개인사는 잘 알았다. 내 어머니가 그들의 고향인 아칸소 출신이다. 또 나의 외삼촌들은 클린턴 부부를 직접 겪었다. 나는 어려서부터 클린턴 일가와 관련된 조직범죄와 부패에 관한 소문을 들었다. 성인이 된 뒤에 그 소문의 진위를 조사하면서 그 주장을 뒷받침하는 증거를 수없이 발견했다. 나 역시 언젠가 훌륭한 여성이 미국 대통령이 되는 것을 보고 싶지만 힐러리 클린턴은 아니었다."

2016년 7월 말, 진실이 드러나는 순간이 왔다. 윌리스와 샌더스 캠프 투어팀이 민주당 전당 대회가 열리는 필라델피아에 도착했을 때였다. 아니나 다를까, 힐러리 클린턴이 민주당 대선 후보로 지명되었다. 샌더스는 경선 결과에 승복하며 자신이 모금한 선거 기부금을 포기하고 나중에 민주당 전국위원회에 충성을 서약했다. 윌리스에게는 청천벽력 같은 일이었다.

윌리스는 이렇게 돌이켰다.

"샌더스가 힐러리 클린턴에게 패배를 인정했을 때 나는 끝까지 샌더스를 지지한 많은 사람들과 함께했다. 도저히 믿을 수 없었다. 샌더스를 그토록 지지했던 우리는 철저히 무시당했다. 나는 곧바로 야간 비행기를 타고 집으로 돌아갔다."

정치인이 세상을 바꿀 수 있을지 모른다는 윌리스의 솟구치던 희망은 그날 완전히 산산조각 났다. 그러나 보통 사람도 얼마든지 의미 있는 변화를 이끌어낼 수 있다는 믿음은 잃지 않았다. 윌리스는 특히 다큐멘터리 영화가 보통 사람의 변화 능력을 발휘시키는 효과적이고 강력한 도구가 될 수 있다고 믿었다.

윌리스는 인권과 환경 운동에 열정을 가진 셰일린 우들리를 통해 미국 중서부를 관통하는 대형 송유관 '다코타 액세스 파이프라인'에 반대하는 시위 이야기를 듣고 그 시위를 촬영하러 노스다코타주로 향했다. 노스다코타주의 아메리카 원주민들은 이 송유관이 그들의 성지와 선조들이 묻힌 땅을 훼손하고 식수원을 위협한다며 전국에서 모여든 수천 명의 지지자와 함께 송유관 매립지 인근에서 텐트를 치고 야영하며 시위를 벌였다. 거기서 윌리스는 라코타 원주민 부족을 위한 법률 프로젝트(Lakota People's Law Project)를 돕기 위해 부족 원로들과 함께 단편 다큐멘터리 동영상을 제작했다. 노스다코타주의 송유관 문제에 대한 대중의 인식을 높이고, 억울하게 당국에 체포되어 곤경에 처한 시위자들의 결백을 호소하는 내용이었다.

윌리스는 나와 가진 인터뷰에서 이렇게 설명했다.

"우리는 말도 안 되는 중죄 혐의를 받는 '식수원 보호자' 각각을 위한 짧은 동영상을 만들었다. 효과는 100%였다. 모든 중죄 혐의가 경범죄로 바뀌거나 아예 철회되었다. 진실을 정직하게 전함으로써 사람들의 억울함을 풀어줄 수 있다는 값진 교훈을 얻었다. 그때 동영상의 위력을 실감했다."

라코타 부족의 삶에 의미 있는 변화를 일으킨 그 경험은 보람도 컸을 뿐만 아니라 윌리스에게 새로운 시대를 열어주었다. 그는 "그 일을 계기로 나는 지금 하고 있는 작업에 몰두하게 되었다"라고 말했다. "나는 이 작업을 '포렌식 영상 제작(forensic filmmaking)'이라고 이름 붙였다. 과학적으로 거짓을 폭로하고 진실을 찾는 동영상을 제작한다는 뜻이다."

2019년 1월 윌리스는 '포렌식 영상 제작'으로 도움을 줄 수 있는 또 다른 사회적 약자를 찾았다고 생각했다. 아메리카 원주민 운동가 네이선 필립스였다. 워싱턴 DC에서 원주민 인권 옹호 집회에 참가하고 있던 필립스는 그곳으로 수학여행을 온 켄터키주 소재 코빙턴 가톨릭 고등학교의 학생들과 마주쳤다. 그 자리에서 코빙턴 고교 재학생인 니컬러스 샌드먼이 필립스와 대치하는 장면을 찍은 동영상이 온라인으로 널리 퍼지면서 사회적으로 큰 파문이 일었다. 샌드먼이 도널드 트럼프 대통령의 슬로건 'MAGA(Make America Great Again, 미국을 다시 위대하게)'가 새겨진 빨간 모자를 쓰고 웃음을 띤 채 필립스를 노려보는 장면이었다.

트럼프를 지지하는 극우파 백인 학생이 아메리카 원주민 인권 운동가를 조롱하며 인종 차별했다는 비난이 들끓었다. 윌리스도 샌드먼과 그의 급우들을 향한 비난에 동참하려 했다.

윌리스는 이렇게 말했다. "나는 그것을 끔찍한 혐오 범죄라 생각하고 피해를 입은 아메리카 원주민들을 지지하는 단편 동영상을 제작하기로 결심했다." 그래서 윌리스는 팀원들에게 문제의 대치 현장에서 찍힌 모든 동영상을 수집하도록 했다. 그 결과는 예상과 정반대로 나타났다. 윌리스는 그 영상에서 드러난 진실을 보고 경악했다.

"이틀에 걸쳐 모든 관련 영상을 샅샅이 검토하면서 우리 팀은 오히려 학생들이 함정에 빠진 것이라는 확신을 갖게 되었다. 그들이 원주민 원로들을 에워싼 채 조롱했다고 알려졌지만 실제는 그게 아니었다. 또 모든 언론은 학생들이 원주민 원로들을 불법 이민자 취급하듯이 그들 앞에서 '장벽을 건설하라'며 외쳤다고 보도했다. 그러나 사실 그들은 그렇게 외친 적이 없었다. 그들은 경멸조의 말을 한마디도 하지 않았다. 그들이 표적이 된 것은 트럼프 대통령의 슬로건 'MAGA'라는 로고가 새겨진 빨간 모자를 썼기 때문이었다. 하지만 그들은 워싱턴에 수학여행 왔다가 급우들을 서로 잘 알아보기 위해 거리 상점에서 그 모자를 샀을 뿐이었다."

윌리스는 트럼프가 유세에서 즐겨 쓴 빨간 모자 때문에 학생들이 정치적인 표적이 되었다고 믿었다. "주류 언론과 그들의 막강한 영향을 받는 대중의 눈에는 그 학생들이 미국 사회의 모든 잘못된 면을 상징하는 것으로 비쳤다. 학생들은 전부 다 남성, 백인, 가톨릭 신자였다. 가장 끔찍한 것은 그들이 트럼프 대통령의 마스코트처럼 보였다는 사실이었다. 그래서 그들은 진보적인 주류 언론에 의해 인간 이하의 취급을 받았다."

이로 인해 윌리스는 예상치 못한 곤혹스러운 문제에 직면했다. 그는 나와 가진 인터뷰에서 이렇게 생각했다고 돌이켰다.

"지금까지 나는 정치적인 우익, 공화당 또는 그 부류를 지지하는 것으로 인식될 만한 일을 한 적이 없다. 만약 우리가 이 사건의 진실을 밝힌다면 우리는 진보 진영이 개탄스러워하는 골수 우파와 한 묶음으로 매도당할 것이다. 지금은 무엇보다 그렇게 낙인찍히는 일이 가장 위험하다. 그렇다면 모른 체하고 그냥 넘어가야 하나? 하지만 억울하게 비난받고 있는 이들은 겨우 10대 학생들이 아닌가?"

윌리스는 말을 이어갔다.

"그들은 미성년자인 데다 공개적으로 비난받을 죄를 짓지 않은 게 분명했다. 나는 학생들의 개인 휴대전화에 찍힌 동영상을 통해 그들이 서로 간에, 또 자신들을 둘러싼 사람들에게 무슨 말을 했는지 정확히 알 수 있었다. 10대 남자아이들이 많이 몰려 있으면 짓궂음이 발동하기 쉽지만 그들은 매우 점잖게 행동했다. 유일하게 불쾌함을 느낄 수 있는 행동은 그들이 '토마호크 촙(tomahawk chop)' 시늉을 한 것이었다. 아메리카 원주민들이 전투에 나가기 전에 하는 의식에서 나온 것으로 도끼로 내리치듯이 손을 세워 아래로 찍는 제스처다. 흔히 플로리다 스테이트 세미놀스, 애틀랜타 브레이브스, 캔자스시티 치프스 같은 스포츠 팀의 팬들이 응원할 때 즐겨 사용하는 손짓이다. 이 학생들이 원주민을 경멸한 것이었을까? 아니면 TV를 통해서만 간접적으로 경험한 원주민의 문화를 이해한다는 선의를 보여주려고 최선을 다한 것이었을까?

그날 학생들의 보호자로 현장에 있었던 한 부모에 따르면, 학생들은 그처럼 널리 용인되는 제스처가 아메리카 원주민에 대한 경멸의 표시로 읽히리라고는 생각도 못 했다고 했다. 그 보호자는 학생들이 시위하는 원주민의 북소리에 흥이 나서 그들과 소통하려고 그런 제스처를 취했을 뿐이었다고 설명했다. 우리 팀과 나는 아주 어려운 결정을 내려야 했다. 이 프로젝트를 포기해야 할까? 아니면 진실을 밝혀야 할까? 후자를 택하면 돌아오지 못할 선을 넘는 셈이었다. 결국 우리는 그 선을 넘기로 했다. 특히 나는 두 아들의 아버지로서 진실을 외면할 수 없었다."

다른 사람들의 눈에는 엄청난 변화였다. 버니 샌더스 선거 운동에 많은 시간을 바쳤고, 노스다코타주 송유관 문제로 스탠딩록에서 농성하던 시위자들과 함께했고, 수년 동안 진보적인 사회 운동에 몸담았던 월리스가 이제 그와는 정반대 쪽의 이야기를 하는 동영상을 제작한 것이다. 적어도 그를 아는 사람들에게는 그런 행보가 정도를 완전히 벗어난 것처럼 보였다. 그러나 월리스 자신에게는 지금까지 해오던 일들과 다를 바 없었다. 훨씬 더 큰 목소리에 맞서 자신의 진실을 알릴 자격이 있는 사회적 약자에 관한 이야기였기 때문이다.

월리스는 이렇게 설명했다.

"그 15분짜리 동영상이 소셜 미디어를 통해 널리 퍼졌다. 영상을 본 사람들은 원주민 인권 운동가를 자처하는 네이선 필립스가 카메라 앞에서 자신이 베트남전 참전 용사라고 한 번 이상 주장한 것이 거짓이라는 사실을 알게 되었다. 또 그가 이전에도 이런 일을 꾸몄으며, 피해자 '코스프레'로 크라우드펀딩을 통해 수천 달러를 모금하는 것이 그의 수법이라는 사실이 드러났다.

동영상이 전파되자 예상한 대로 비방자들이 우리를 공격했다. 그들은 우리를 인종 차별주의자, 백인 우월주의자, 식민주의자, 나치 등으로 불렀다. 나는 어떻게 그토록 많은 사람이 무고한 아이들을 희생양으로 삼으려 하는지 알고 싶었다. 그래서 그들의 배경을 알아본 결과, 희한하게도 비방자 대다수가 백인이라는 사실을 알았다.

아메리카 원주민 친구 여럿은 나에게 진실을 밝히는 동영상을 통해 거짓말로 증오를 부추기는 사람들과 자신들을 명확하게 구별되도록 해주어 고맙다고 말했다. 하지만 그때까지 내가 소속되었다고 생각해온 좌파 중에서는 그렇게 보는 사람이 거의 없었다. 좌파의 영웅으로 일컬어지던 내가 하룻밤 사이에 그들의 적으로 낙인찍혔다."

윌리스는 당시의 느낌을 이렇게 표현했다.

"내가 맺은 관계 중 상당수가 너무나 깨어지기 쉽다는 것을 직접 경험하니 아찔했다. 나에 대한 사랑과 고마움을 서슴없이 드러내던 사람들이 갑자기 나를 파멸로 몰아가려 했다. 그때 처음으로 살해 협박까지 받았다. 그런 협박은 계속되었다. 그들 중에 내가 그 동영상을 제작하게 된 동기를 알아보려는 사람은 아무도 없었다. 주류 언론이 전하는 이야기와 상반된 증거는 철저히 무시되었다. 동영상에 그런 증거가 다 들어 있는데도 그들은 빨간 모자 외에 다른 것은 거들떠보지도 않았다."

그 경험을 계기로 윌리스는 장편 다큐멘터리 〈내러티브(The Narrative)〉를 제작하기로 결심했다. 주류 언론이 어떻게 진실을 왜곡하고 사람들의 서로 다른 차이점을 이용해 분열을 조장하는지 파헤치는 작품으로 기획했다. 윌리스는 〈내러티브〉 제작을 위해 세계 곳곳의 내부 폭로자들과 반문화 운동가들을 인터뷰하면서 그들의 말에 아주 불길한 공통점이 존재한다는 사실을 깨달았다. 우리 세계가 대형 재앙을 향해 나아가고 있다는 분명한 경고였다.

윌리스는 이렇게 설명했다.

"우리는 주로 주요 정부 기관과 IT 대기업 등의 내부 폭로자들을 인터뷰했다. 그런데 그들 중 다수는 '우리 모두 마음의 준비를 단단히 해야 한다. 뭔가 큰일이 닥쳐오고 있다. 9·11 테러에 맞먹는 규모의 대형 재앙이 터지는 것은 이제 시간문제다'라고 말했다. 그 이야기를 듣다 보니 정말 섬뜩한 생각이 들었다."

그리고 실제로 바로 몇 주 뒤 (……) 코로나19 팬데믹이 세계를 덮쳤다.

제2장
플랜데믹 1

싸우지 않고 적을 굴복시키는 것이 최선의 전술이다.

— 손무(孫武)

　2020년 1월 9일 세계보건기구(WHO)는 중국에서 신종 코로나
바이러스가 발견되었다고 공식 발표했다. 그리고 곧 그 바이러
스가 일으키는 증상은 '코로나19(Covid 19, 코로나바이러스 감염병
2019라는 뜻이다)'로 명명되었다. 1월 20일이 되자 미국 검역 당국
은 공항에서 입국자들을 대상으로 코로나19 의심 증상을 확인하
기 시작했다. 다음 날 미국 질병통제센터(CDC)는 미국에서 첫
확진자가 나왔다고 보고했다. 팬데믹이 점차 심해지면서 언론은
연일 새로운 통계 수치를 내놓았다. 그럼에도 미국의 다른 여러

지역과 마찬가지로 오하이에서도 처음에는 코로나19가 충분히 통제될 수 있는 것처럼 보였다. 언론의 한쪽은 코로나19 팬데믹을 두고 세상의 종말이라고 선언했다. 반면 다른 쪽은 코로나19가 머지않아 사라질 감염병이라고 주장했다. 어느 쪽도 옳지 않았다. 우리 세계는 누구의 말을 믿어야 할지 몰랐다.

3월 첫째 주 기준으로 오하이가 속한 벤투라 카운티에는 여전히 확진자가 없었다(주민 일곱 명이 검사를 받았지만 전부 음성이었다). 그런데도 개빈 뉴섬 캘리포니아 주지사는 3월 중순 주(州) 전체에 이동과 집합을 제한하는 록다운을 발령했다. 윌리스와 그의 팀은 재택근무를 하면서 매일 전화 통화로 의견을 주고받으며 〈내러티브〉 제작을 계속했다. 그들은 점차 확대되는 팬데믹 위기를 예의 주시하면서 가능한 한 다양한 출처를 통해 코로나19 팬데믹에 대한 가공되지 않은 순수한 정보를 모으려고 애썼다.

곧 윌리스에게 그런 정보를 얻기에 가장 적합한 인물이 떠올랐다. 주디 미코비츠 박사였다. 윌리스와 미코비츠는 코로나19 팬데믹이 시작되기 거의 1년 반 전에 만났다. 미코비츠가 의학계의 문제점에 관해 쓴 책을 홍보할 때 서로가 아는 친구를 통해 알게 되었다.

윌리스는 나에게 이렇게 말했다.

"처음부터 마음이 통한다는 느낌을 받았다. 꾸밈없이 있는 그대로 말하고, 젠체하지도 연기를 하지도 않았다. 재미있다고 생각하지 않을 때는 예의상으로도 웃는 법이 없었다. 아주 현실적이고, 내가 좋아하는 미국 동부 출신 분위기를 풍겼다."

윌리스는 미코비츠를 처음 만났을 때 그녀와 함께 다큐멘터리를 찍으면 좋겠다고 생각했지만 당시엔 이미 계획된 〈내러티브〉 제작에 전력을 다할 수밖에 없었다. 그러나 팬데믹이 세계를 집어삼키는 것을 보고 그는 계획을 바꾸기로 마음먹었다. 팬데믹으로 초점을 옮긴 그의 새로운 계획에서 미코비츠는 첫 인터뷰 대상이자 가장 중요한 취재원이 되었다.

————

"박사님은 윗선에서 합의해 발표한 내용과 상충되는 뭔가를 발견했죠?" 카메라가 돌아가는 가운데 윌리스가 미코비츠 박사를 똑바로 쳐다보며 물었다.

"맞아요." 그녀가 엷은 미소를 띠며 답했다.

"그 때문에 그들은 박사님의 삶을 파괴하려고 수단과 방법을 가리지 않았죠?"

"맞아요."

"박사님은 체포되기도 했죠?"

"맞아요."

"또 박사님에게 함구령이 내려졌고, 결국 박사님은 교도소에 가야 했어요. 그런데도 지금 또 여기 앉아 그들이 그토록 덮으려 하는 진실을 밝히고 있네요."

미코비츠 박사는 고개를 끄덕였다. 슬픈 기색이 비쳤다.

"그렇다면 박사님의 입을 막으려던 그들의 시도가 결국엔 실패한 것이군요." 윌리스가 말했다. "나로선 이렇게 물을 수밖에 없네요. 여기 앉아서 그런 막강한 힘을 가진 세력의 비리를 폭로하고 나면 이 건물을 나설 때 두렵지 않을까요? 그래도 괜찮은 가요?"

〈플랜데믹〉 프로젝트의 첫 인터뷰였던 이 대화의 내용은 단한 마디도 과장이 아니었다. 물론 주디 미코비츠 박사에 대한 평은 누구에게 묻느냐에 따라 극과 극으로 나뉜다. 한쪽에서는 그녀를 비범하고 용기 있는 인물로 존경하지만, 다른 쪽에서는 처신사나운 미치광이로 몰아붙인다. 또 어떤 사람들은 그녀가 과학계와 의학계의 핵심 내부자였지만 음모론과 '나쁜' 과학의 상징으로 전락했다고 본다. 그러나 또 다른 사람들은 그녀를 진실을 밝히는 운동가로 치켜세운다. 미코비츠 박사의 행보를 어떻게 해석하든 그녀가 자신의 대담한 폭로 때문에 톡톡한 대가를 치렀다는 점은 분명하다.

미코비츠 박사는 미국 국립암연구소(NCI)에서 실험실 연구원으로 과학자 경력을 시작했다. 에이즈와 그 원인 병원체인 인체면역 바이러스(HIV)에 대한 초기 연구는 대부분 NCI에서 실시되었다. (가장 처음 밝혀진 에이즈 증상 중 하나가 '카포시 육종'으로 알려진 희귀 피부암이었기 때문이다.)

근년 들어 미코비츠 박사는 백신과 질병, 자폐증 같은 중요한 주제에 관한 책을 펴냈다. 2014년에는 《역병(Plague): 인간 레트로바이러스와 만성 피로 증후군(ME/CFS), 자폐증 및 기타 질병에 대한 진실을 찾는 한 과학자의 대담한 탐색》, 그리고 2020년 4월에는 《부패의 역병(Plague of Corruption): 과학의 약속에 대한 믿음 회복》이 나왔다. (두 책 모두 발간 시점에서는 널리 알려지지 않았으나 《부패의 역병》은 윌리스의 다큐멘터리 〈플랜데믹〉이 나온 직후 온라인 서점 아마존에서 단번에 1위에 올랐고, 《뉴욕 타임스》 베스트셀러 리스트에도 올랐다.)

다시 말해 코로나19가 미국을 강타하기 시작했을 때 미코비츠 박사는 이 팬데믹을 다루는 내부자가 아니라 그냥 곁에서 지켜보는 과학자 중 한 명이었다. 하지만 그녀는 팬데믹 대응과 관련된 유력자들과 기이하게 연결되어 있었다. 사실 면역학을 전공한 경력을 감안하면 미코비츠 박사는 앤서니 파우치 박사와 데버라 벅스 박사(트럼프 백악관에서 코로나19 대응 태스크포스 조정관을 지냈다)와 함께 연단에 오를 자격이 충분했을 것이다. 어쩌면 그녀는 그들 대신에 코로나19 대응의 간판 얼굴이 되었을지도 모른다. 그런데 왜 그렇게 되지 않았을까?

윌리스와 그의 팀이 미코비츠 박사로부터 대답을 들을 수 있기 바랐던 질문 중 하나가 바로 그것이었다. 그렇다면 그 외 다른 질문은 무엇이었을까? 수십 년 동안 막후에서 묵묵히 일하던 과학자가 왜 갑자기 내부 폭로자가 되어 옛 동료들과 학계 전체를 비난하고 나서게 되었을까?

미코비츠 박사는 윌리스에게 이렇게 답했다.

"그들의 전횡과 음모를 지금 중단시키지 못한다면 우리 나라와 자유만이 아니라 인류도 사라질 수 있어요. 이 문제로 우리 모두가 죽기 때문이죠."

아주 자극적인 이야기였다. 미코비츠 박사에 따르면, 이것은 오랜 시간에 걸친 대규모 음모이고, 그 뿌리는 단 한 명으로 거슬러 올라간다. 앤서니 파우치 박사다. 그는 에이즈가 미국을 강타했을 당시 미국 국립알레르기·전염병연구소(NIAID) 소장이었고, 2020년에는 그 자격으로 트럼프 대통령의 코로나19 대응 태스크포스를 이끌었다.

미코비츠 박사가 윌리스에게 말한 바에 따르면, 에이즈 유행이 최고조에 이르렀을 때 파우치 소장의 정치적인 책략 때문에 프랑스 과학자들이 HIV에 대한 자신들의 발견을 1년 이상 공식 발표하지 못했다. 그로 인해 치료제를 찾는 과정이 지연되었고, 에이즈 유행이 기승을 부리는 시점에서 HIV 전파가 가속화되었으며, 그 결과 수백만 명이 목숨을 잃었다.

미코비츠 박사는 미국 국립암연구소(NCI)에서 프랭크 루세티 박사의 지휘하에 프랑스 환자들의 타액과 혈액에서 HIV를 분리하는 작업을 팀원들과 함께 진행했다. 프랑스 과학자로서 2008년 노벨 생리의학상을 받은 뤼크 몽타니에 박사는 그전에 이미 그 바이러스의 분리에 성공했다. 혈액 같은 생물학적 표본에서 분리해 배양할 수 있었다는 뜻이다. 따라서 미국 팀의 목표는 그 샘플을 토대로 프랑스에서 실시된 연구를 재확인하는 것이었다.

그러나 미코비츠 박사는 파우치와 미국 국립보건원(NIH)의 로버트 갤로 박사가 공모하여 그런 사실을 왜곡했다고 주장했다. 그들은 HIV 발견의 공로를 인정받고 거기서 나오는 수익을 원했던 것 같다.

당시 파우치는 NIAID 소장으로서 NIH의 HIV 프로그램도 이끌고 있었는데, NCI와 미코비츠 박사 팀은 NIH의 감독을 받았다. 미코비츠 박사는 평상시엔 파우치 박사와 만날 일이 거의 없었다. 그러나 그녀는 HIV에 관한 연구 결과 발표를 준비하는 과정에서 뜻밖에도 파우치 박사와 언쟁하는 일이 벌어졌다.

미코비츠 박사는 이렇게 설명했다. "루세티 박사가 출장 중이던 어느 날, 파우치 박사가 나에게 '연구 결과를 담은 논문을 발간 준비 중이라고 들었는데 사본을 한 부 주시오'라고 말했어요. 그래서 나는 '논문 발간을 준비하고 있는 게 맞지만 기밀이라 사본을 드릴 수 없습니다'라고 했지요. 그러자 그가 나에게 소리를 지르더군요. '당장 사본을 내놓지 않으면 항명으로 해고당할 거야!' 나는 '루세티 박사가 출장에서 돌아오면 다시 이야기하세요'라며 거절했어요."

그러나 루세티 박사가 돌아와도 별수 없었다고 미코비치 박사는 말했다. "그는 압박을 이기지 못해 파우치에게 사본을 내주고 말았지요." 그녀에 따르면, 파우치 박사는 논문 발간을 몇 달간이나 보류시켰다. "그사이 갤로 박사가 직접 논문을 써서 공로를 독차지했어요."

그 일로 미코비츠 박사는 격분했다. 연구자들이 정치 놀음을 하는 동안 사람들이 계속해서 죽어나가고 있었기 때문이다. 그녀는 이렇게 말했다. "결국 프랑스 팀의 HIV 발견을 확인하는 과정이 지체되면서 HIV가 무섭게 전파되어 수백만 명이 목숨을 잃었어요. 당시에 그런 사실을 내가 정확히 몰랐던 것을 생각하면 지금도 참담하게 느껴져요. (……) HIV의 발견을 확인하는 데 1984년이 될 때까지 기다릴 필요가 전혀 없었거든요. 얼마나 많은 사람이 목숨을 잃었는지 생각해보세요. (……) 몇몇 사람의 욕심과 오만함 때문에 HIV가 널리 퍼지면서 아프리카 대륙에선 한 세대 전체를 잃고 말았지요."

그 희생자들 중 한 명이 윌리스의 형이었다. 그는 1994년 에이즈로 사망했다. 그해 에이즈는 미국인 25~44세 전체에서 주된 사망 원인이었다. 그다음 해에는 미국인 50만 명 이상이 에이즈 관련 질병으로 목숨을 잃었다. 에이즈는 세계가 인지하기도

전에 널리 퍼져버린 공인된 유행병이었다.

에이즈의 발병은 조용히 시작되었다. 1981년 뉴욕에서 발행되는 동성애자 신문 《뉴욕 네이티브》에 '이국적인 신종 질병'으로 처음 언급되었다. 다음 해가 되자 CDC는 이 질병을 추적하고 막기 위한 태스크포스를 만들었다. 그들은 이 질병을 '후천성 면역 결핍 증후군(Acquired Immune Deficiency Syndrome)'으로 명명했다. 그 머리글자가 AIDS(에이즈)다. 1983년 두 팀(한 팀은 미국의 로버트 갤로 박사가, 다른 팀은 프랑스 과학자 프랑수아즈 바레시누시와 뤼크 몽타니에 박사가 중심이 되었다)이 과학 학술지 《사이언스》에서 각각 에이즈 환자를 감염시키는 것으로 보이는 신종 레트로바이러스를 분리했다고 발표했다.

미국 팀은 파우치 박사가 이끌었다. 파우치 박사는 1968년부터 NIH에서 일했고, 1980년 그곳에서 면역조절연구소 책임자로 임명되었으며, 1984년 NIAID 소장으로 승진했다. 그러면서 파우치 박사는 아지도티미딘(AZT)을 새로운 에이즈 치료제로 적극 밀어붙였다. 그 덕분에 AZT는 25개월 만에 미국 식품의약국(FDA)의 승인을 받아 '기적의 약'으로 시판되기 시작했다.

윌리스는 그 약 때문에 형이 사망했다고 믿는다. 그는 나와 가진 인터뷰에서 "AZT가 형을 죽였다는 것은 현재로서는 의심할 여지가 없다"라고 말했다. "소위 '기적의 약'이 시판되었을 때를 나는 기억한다. 어머니는 무척 기뻐하셨다. 어머니는 에이즈를 다루는 의학계 지도자들을 철저히 신뢰했다. 특히 파우치 박사의 말을 곧이곧대로 믿었다. 당시에는 그를 의심할 이유가 전혀 없었다. 형도 두 번째 삶의 기회를 얻었다고 믿었다. 우리는 그의 상태가 호전되기를 기대했다. 하지만 AZT를 복용하자마자 형의 상태는 훨씬 더 나빠졌다. 우리는 그의 몸이 약에 적응하는 중이며, 시간이 흐르면 나아질 것이라는 의사의 말을 들었다."

하지만 그 시간은 끝내 오지 않았다. "형은 편두통에 시달렸다. 계속 토했고, 어지러워 일어서지도 못했다. 너무 괴로워 죽는 게 낫다고 말했다. 그러면서 몇 차례 약을 끊었다. 그때마다 금방 상태가 좋아지는 듯했다. 우리는 너무 혼란스러웠다. 의사들은 그에게 상태가 좋아진 듯 느낀다 해도 너무 오래 약을 끊으면 매우 위험하다고 경고했다. 형은 어쩔 수 없이 AZT를 계속 복용했다."

윌리스는 "에이즈, 에볼라, 조류 인플루엔자(H5N1), 돼지 인플루엔자(H1N1) 등 우리의 대응이 형편없었던 유행병과 코로나19 팬데믹의 공통점이 뭔지 아는가?"라고 나에게 묻고는 스스로 답했다. "앤서니 파우치 박사다. 이 사람이 의학계의 피라미드 꼭대기에 어떻게 그토록 오래 머물고 있는지는 진짜 수수께끼다. 그에 대한 철저한 조사가 필요하다."

누군가는 기억하겠지만, 파우치 박사는 터무니없는 예측으로 세계를 공황에 빠뜨린 적도 있다. 그는 조류 인플루엔자에 의한 전 세계의 사망자가 최상의 시나리오에서도 최저 200만에서 최고 700만 명에 이를 것으로 내다보았다. 하지만 예상이 빗나간 정도가 아니었다. 실제 사망자는 수백 명에 불과했다. 반면 수량화는 불가능하지만 그의 억측으로 발생한 집단 공황의 피해가 그보다 훨씬 더 컸다.

CBS 방송의 탐사 보도 기자 셰릴 앳키슨은 세상에 알려지지 않은 이야기를 찾아내 보도할 정도로 용감한 소수의 언론인 중 한 명이다. 그녀는 이렇게 말했다.

"우리는 정보 자유(FOI)를 수호하려는 노력을 통해 아주 심각한 사실을 발견했다. CDC는 돼지 인플루엔자 확진자 수 집계를 아무 설명도 없이 슬며시 중단했는데 그 이유를 알아보니 기가 막혔다. 확진 건수를 재확인하는 과정에서 돼지 인플루엔자는커녕 어떤 인플루엔자도 나오지 않았다는 사실이 드러난 것이었다.

내가 그 기사를 써서 웹사이트에 올렸는데 CBS TV는 그런 사실을 다루지 않고 묻어버렸다. 그들은 돼지 인플루엔자가 새로운 유행병이라는 사실을 부풀리는 보도는 많이 했지만 그런 과장에 대한 독창적이고 새로운 사실은 한 건도 보도하지 않았다. 그러나 내가 쓴 것은 공정하고 정확하며, 법적으로 승인되었고, 정말 중요한 기사였다. CDC가 실제 돼지 인플루엔자 통계를 비밀에 부치면서 많은 사람이 자녀에게 필요 없을지도 모르는 실험적인 백신을 접종시켰다."[1]

미국의 시민 단체인 어린이건강보호(CHD)는 2020년 3월 다음과 같이 주의를 환기시키는 발표문을 배포했다.

"파우치 박사는 2009년 TV에 나와 긴급 승인된 돼지 인플루엔자 백신을 선전했다. 그는 그 백신 접종으로 나타나는 심각한 이상 반응이 '아주, 아주, 아주 드물다'며 국민을 안심시켰다. 하지만 그 백신은 세계 여러 나라에서 큰 문제를 일으켰다. 미국에서는 임신부의 유산 위험을 높였고, 북유럽 국가들에서는 청소년들 사이에 발작 수면(기면증)의 증가를 촉발시켰으며, 호주에서는 그 백신을 접종받은 어린이 110명당 1명 꼴로 열성 경련을 일으켰다."[2]

파우치 박사는 그의 오랜 경력 초기에 HIV/에이즈 대응팀을 이끄는 권한을 위임받았다. 윌리스는 이렇게 주장했다.

"파우치는 실질적인 노력이나 공로도 없이 '미국의 최고 의사'로 불리면서 무조건적인 대중의 신뢰를 받았다. 하지만 그는 그동안 내내 효과적인 에이즈 치료제 개발을 억누르고 오히려 AZT 같은 치명적인 약을 효과가 아주 좋다고 선전함으로써 에이즈가 널리 퍼져 수많은 인명을 앗아가게 만든 장본인이다.

AZT가 그처럼 위험하고 비싼데도 파우치 박사는 그 약을 '기적의 약'이라고 부르며 에이즈 치료제를 간절히 원하는 사람들이 저렴하고 안전하며 효과적인 약을 사용하지 못하도록 막았다. 심지어 그는 태아에게 심각한 위험이 될 수 있다는 사실을 알면서도 임신부의 AZT 사용을 권장했다."

1989년 11월 잡지 《스핀》은 의학 전문 기자 셀리아 파버가 쓴 '누락의 죄'라는 기사를 게재했다. 잡지 발행인 밥 구치오네는 2015년 기념호에서 이렇게 말했다.

"파버 기자는 미국 의학계의 기득권자들이 에이즈 그 자체보다 더 나쁜 AZT 사용을 냉혹하게 밀어붙인 증거를 밝혀냈다. 그 약은 환자를 치료하지 않고 에이즈가 자연적으로 진전하도록 내버려둘 때보다 더 빨리 사망에 이르게 했다. AZT는 치명적인 독성 때문에 폐기된 암 치료제였다. 그런 약을 '에이즈 환자는 어떻게 하든 죽는다'는 냉소적인 믿음으로 되살려내 에이즈 치료제로 둔갑시켰다."[3]

주간지 《비즈니스위크》의 기자 출신인 브루스 너스바움에 따르면, AZT를 처음 합성한 제롬 호르비츠(파우치 박사의 지휘를 받던 NCI에서 일했다)는 자신이 만든 그 약에 환멸을 느껴 "특허가 부끄러울 정도로 가치가 없다"라고 말했다. 하지만 그 특허에 자신의 이름이 들어가고 그에 대한 이익 지분도 가진 파우치 박사는 전혀 그렇게 생각하지 않았다.[4]

AZT에 대한 더 직접적인 비판도 이어졌다. 1989년 에이즈 운동가 래리 크레이머는 뉴욕에서 발간되는 주간지 《빌리지 보이스》에 '앤서니 파우치 박사에게 보내는 공개서한'이라는 글을 기고했다. 거기서 그는 이렇게 말했다. "당신은 정부의 재정을 지원받는 모든 에이즈 치료제 연구를 책임지고 있습니다. 그런 권리를 가진 당신이 다른 사람들의 생명을 희생시키는 결정을 내렸습니다. 나는 그것을 살인이라고 부릅니다."[5]

신망 높은 과학자이자 HIV/에이즈 연구자인 조지프 아돌프 소나벤드 박사는 한 인터뷰에서 이렇게 말했다. "내 동료들의 처신이 부끄럽다. (……) 이건 말도 안 되는 과학인데도 아무도 항의하지 않는다. 정말 믿기 어려운 일이다. 그들에겐 자신이 받는 보조금을 지키는 것이 더 중요한 일인 듯하다. 전부 돈 때문이다. 일을 이렇게 만든 것은 돈과 정치다."[6]

에이즈 연구로 잘 알려졌고 《치명적인 기만(Deadly Deception): 성행위와 HIV는 절대 에이즈를 일으키지 않는다》를 펴낸 로버트 E. 윌너 박사도 당시 에이즈의 원인이 HIV라는 가설에 이의를 제기하는 일부 의사들의 목소리에 동참했다. 1994년 10월 윌너 박사는 TV로 생방송되는 기자 회견 자리에서 에이즈에 감염된 혈액을 자기 몸에 직접 주입하며 다음과 같이 말했다. "친구들 그리고 파우치와 (……) 갤로 박사, 그 나머지 범죄자 모두에게 말한다. 내가 이렇게 하는 것은 인류를 위해서일 뿐 다른 이유는 없다. (……) 아울러 사상 최대의 거짓말 때문에 죽게 될 수백만 명의 생명을 구할 수 있다는 희망을 갖고 나는 지금 이렇게 한다. (……) 실제로 현재 에이즈의 주된 원인은 에이즈 치료제로 선전되는 AZT다." 그리고 5개월 뒤인 1995년 3월 15일, 윌너 박사는 심장마비로 사망했다.

그렇다면 파우치 박사는 지금 코로나19 팬데믹에서도 그때와 똑같은 각본을 따르고 있을까? 세계 전역의 임상 의사와 감염병 전문가들은 단지 파우치 박사의 거부 때문에 코로나19 치료에 이버멕틴(구충제), 아지트로마이신(항생제), 하이드록시클로로퀸(HCQ, 말라리아 치료제) 같은 검증된 약을 사용하지 못하고 있다면서 반발한다.

트럼프 대통령이 코로나19 예방약으로 HCQ가 괜찮은 것 같다고 공개적으로 언급하자 의학계의 부패한 세력들은 공황 상태에 빠져 황급히 진실을 왜곡하기 시작했다. WHO, FDA, 파우치 박사, 데버라 벅스 박사, 그리고 높은 자리에 있는 많은 의사들이 70년 전에 개발되었고, 검증되었으며, 안전하고 효과적인 HCQ를 두고 갑자기 '입증되지 않은 약' 또는 '치명적인 약'이라며 목소리를 높였다. 도대체 그 이유가 무엇일까? 겉으로만 보면 이해하기 어렵지만 그들이 하는 게임의 규칙을 알면 답은 자명해진다.

윌리스는 코로나19 팬데믹을 짜여진 각본에 따라 진행되는 게임으로 규정하며 이를 '플랜데믹'이라고 불렀다. '계획'이라는 뜻의 '플랜'과 팬데믹을 합친 조어다. 그에 따르면, 치료제와 백신 또는 진단 기법의 '긴급 사용 승인(EUA, Emergency Use

Authorization)'으로 불리는 장치가 이 '플랜데믹' 전체를 떠받치고 있다. 공중의 안전이 시급할 경우에는 EUA의 권한 아래 기존 법령은 일시적으로 보류된다. 그러다 긴급 상황이 해소되면 EUA 지위가 취소되고 그로써 팬데믹이 종료된다. 따라서 팬데믹으로 이익을 얻는 사람들은 EUA 지위를 지속하기 위해 수단과 방법을 가리지 않을 것이다. 심지어 그러한 조치가 인명 희생을 허용하는 것을 의미하더라도 말이다. 받아들이기에 너무 가혹한 현실이 아닌가?

온라인 매체 '액시오스'는 2021년 7월 28일 이렇게 보도했다. "화이자는 바이오엔테크와 함께 개발한 코로나19 백신의 수익이 올해 335억 달러에 이를 것으로 기대한다. 종전의 예상 수익 260억 달러보다 29% 늘었다."[7]

HCQ를 코로나19 예방약이나 치료제로 사용하는 것과 관련하여 한번 살펴보자. 좋은 약을 나쁜 약으로 믿도록 대중을 유도하는 것은 그리 어려운 일이 아니다. 우리는 어렸을 때부터 '과학자들의 말을 믿고 따르도록' 훈련을 받았기 때문이다. 그러나 의사와 과학자들을 어떻게 납득시킬 수 있을까? 그들이 수십 년 동안 잘 사용해온 약이 갑자기 효과가 없어졌다고 말이다. 그런 일도 다음과 같은 방법을 동원하면 얼마든지 가능하다.

첫째, 가짜 연구를 실시한다.

둘째, 권위 있는 학술지를 동원해 그 연구를 승인하도록 한다.

셋째, 언론을 동원해 그 거짓말을 그대로 반복함으로써 거짓이 진실로 보이게 만든다.

그렇다면 실제 미국의 주류 방송이 이 문제를 어떻게 보도했는지 살펴보자.

ABC 월드 뉴스 투나잇: "세계적인 의학 학술지 《랜싯》에 최근 게재된 연구 결과는 코로나19로 입원한 환자들이 HCQ를 복용할 경우 사망 위험이 더 높아지는 것을 보여준다. 트럼프 대통령은 코로나19를 예방하기 위해 자신이 그 약을 복용한다고 이번 주 밝혔다."[8]

CBS 뉴스: "최근 의학 학술지 《랜싯》은 잘 알려진 말라리아 치료제가 코로나19 환자에게는 아무 도움이 되지 않는다는 것을 시사하는 연구 결과를 게재했다. 이 연구는 말라리아 치료제인 클로로퀸이나 그와 유사한 제제인 HCQ를 대상으로 실시되었다. HCQ는 도널드 트럼프 미국 대통령이 복용하는 것으로 알려졌다."[9]

MSNBC:[10] "환자 9만 6,000명을 대상으로 한 분석에 따르면, 트럼프 대통령이 좋은 약이라고 주장하는 말라리아 치료제 HCQ는 코로나19 환자의 사망 위험 증가와 관련 있다. 이 논문은 의학 학술지 《랜싯》에 최근 게재되었다."[11]

이처럼 주류 언론을 총동원한 대대적인 선전은 사회 전반에 공황 상태를 일으켰다. 그 결과 HCQ가 코로나19에 효과적인 치료제라는 사실이 공식적으로 입증되기도 전에 사회적인 압력에 의해 관련 임상 시험 자체가 취소되고 말았다. 이 얼마나 비극적인 일인가?

과학 전문지 《사이언티스트》 2020년 10월호에 실린 한 기사는 이렇게 보도했다. "이 연구 결과는 의학적, 정치적인 폭탄선언이었다. 뉴스 매체들은 앞다투어 HCQ를 '트럼프가 칭찬한 약'이라고 강조하며 연구 결과를 인용해 이 약이 위험할 수 있다고 보도했다. 며칠 내에 WHO, 영국 의약품건강관리제품규제청(MHRA)을 포함한 공중 보건 기관들은 코로나19 치료 또는 예방을 목적으로 하는 HCQ 임상 시험의 참여 환자 모집을 중단하도록 지시했다."[12]

세계 전역의 독립적인 과학자들이 언론의 이런 보도를 보고 《랜싯》에 실린 연구 논문을 면밀히 따져보기 시작했다. 그 결과, 이 연구의 진실성에 심각한 의문이 제기되었다. 데이터의 진위 여부부터 연구자들이 사용한 방법의 유효성까지 많은 문제가 드러났다. 특히 논문의 공동 저자들에게 중대한 이해 충돌이 있는 것으로 밝혀졌다. 이는 논문에 영향을 미칠 만한 금전적인 이해관계가 있을 경우를 가리킨다.

주 공동 저자 중 하나인 만딥 메라 박사는 브리검 여성병원에서 주요 직책을 갖고 있다. 그와 학술지 《랜싯》은 브리검 여성병원이 길리어드 사이언스라는 바이오 제약 회사와 제휴 관계에 있다는 사실을 밝히지 않았다. 길리어드 사이언스는 당시 코로나19 치료제로서 HCQ의 주된 경쟁 상대인 렘데시비르에 대한 두 건의 임상 시험을 진행 중이었다. (렘데시비르는 원래 에볼라 치료제로 개발한 항바이러스제였는데 에볼라 치료에 효능을 입증하지 못해 개발이 중단됐다가 코로나19 치료제로 임상 시험이 진행되고 있었다.)

또 다른 공동 저자는 사판 데사이 박사다. 데사이 박사는 서지스피어 코퍼레이션의 창업자이자 CEO다. 이 회사는 HCQ의 신뢰성을 떨어뜨리는 데 사용된 데이터베이스를 제공했다. 몇몇 과학자들이 독립적인 확인 검토를 위해 데이터 공개를 요청했지만 데사이 박사는 이를 거부했다. 더구나 데이터가 도출된 임상 시험을 실시한 병원이나 국가도 밝히지 않았다.

2020년 6월 《사이언스》는 이렇게 보도했다. "저명한 의학 학술지 두 곳이 데이터 신빙성 문제로 코로나바이러스 논문을 취소했다. (……) 그 논문은 말라리아 치료제 HCQ가 코로나19에 사용되었을 때 그 안전성과 효과를 추적했다. HCQ는 이미 정치적이고 과학적인 논란을 빚었다. 특히 트럼프 대통령이 그 약의 효과가 좋다고 말했기 때문이다."[13]

이어 2020년 10월 《사이언티스트》는 이런 기사를 실었다. "지난 5월 22일 《랜싯》에 게재된 논문이 문제의 핵심이다. 도널드 트럼프 미국 대통령과 다른 몇몇이 코로나19 치료제로 홍보하는 말라리아 치료제 HCQ가 입원한 코로나19 환자의 사망 위험을 높이는 것과 관련 있음을 시사하는 내용이었다. (……) 서지스피어의 데이터베이스 출처는 아직 명확하지 않다. 많은 의사, 학술지 편집자, 연구자들은 그 데이터의 존재 여부 자체를 의심한다. 데사이 박사와 함께 논문에 이름을 올린 공동 저자 대다수는 요약된 데이터만 봤음을 인정했으며, 데이터베이스의 신빙성을 확인하는 임무를 맡은 독립 감사들에게는 데이터 접근이 허용되지 않았다."[14]

2020년 6월 임상 시험 참여자의 권익을 옹호하는 단체인 피험자보호연맹(AHRP)은 이런 질문을 공개적으로 제시했다. "널리 사용되어온 약의 효과를 왜곡할 목적으로 실시된 듯한 이런 연구들이 어떻게 세계적인 권위를 가진 학술지 《랜싯》과 《뉴잉글랜드 의학 저널》에서 동료 심사를 통과할 수 있었는가?"[15]

2020년 3월 10일 미국 텍사스주 상원 청문회에서 심장 전문의이자 의학 교수인 피터 매컬러프 박사는 이렇게 증언했다. "다중 약물 치료를 받는 코로나19 환자의 85%는 완전한 면역성을 되찾음으로써 회복한다. 코로나19 확진자가 입원할 정도로 상태가 나빠지기 전에 그런 약물로 즉시 치료받았다면 지금쯤 코로나19 팬데믹은 끝났을 수 있다. 의사들이 사용하는 HCQ 같은 치료제가 금기시되지 않았다면 수많은 사람이 목숨을 구했거나 지금도 구할 수 있을지 모른다."

2020년 8월 24일 예일 공중보건대학원과 의과대학원의 역학·

공중보건학과에서 역학을 가르치는 하비 리시 박사는 폭스뉴스 방송의 '라이프, 리버티&레빈'의 진행자인 마크 레빈과 가진 인터뷰에서 이렇게 열정적으로 주장했다. "HCQ는 이전에는 잘 활용되고 있었다. 그런데 이제 파우치 박사는 그 약이 코로나19에 도움이 된다는 증거가 없다고 말한다. FDA는 파우치 박사와 그가 이끄는 NIH 자문단에 의존해 코로나19 환자에게 HCQ를 처방하는 것은 이득이 없다고 발표했다. 하지만 그건 사실에 반하는 주장이다. HCQ가 도움이 된다는 증거는 넘쳐난다. 그럼에도 파우치 박사와 FDA는 그런 증거를 무시한다. 그 때문에 이약으로 목숨을 구할 수 있었던 수십만 명의 미국인이 숨졌다. 절대로 있을 수 없는 일이다!"[16]

파우치 박사의 직무 유기는 나쁜 약의 처방으로 끝나지 않는다. 그가 감염병 검사 도구로 신뢰하는 것은 중합 효소 연쇄 반응(PCR)이다. 몇 시간 만에 개별 DNA를 증폭시킬 수 있는 PCR는 현재 코로나19 검사의 국제적인 표준으로 자리 잡았다.

PCR를 개발한 공로로 1993년 노벨 화학상을 받은 캐리 멀리스 박사는 그 기술이 감염병 진단에 사용되어선 안 된다고 여러 차례 공개적으로 밝혔다. 멀리스 박사는 1997년 7월 캘리포니아주 샌타모니카에서 열린 '기업의 탐욕과 에이즈'라는 행사에서 동영상을 통해 이렇게 설명했다. "PCR 방식을 사용하면 누구에게서나 거의 모든 것을 발견할 수 있다. 예를 들면 PCR는 불교에서 말하듯, 모든 것이 다른 모든 것에 들어 있다고 믿게 만든다. PCR는 하나의 분자를 측정 가능한 수준까지 증폭할 수 있다. 계속 증폭할 경우 누구의 체내에서든 분자를 최소한 하나는 찾을 수 있다. 그것을 두고 의미 있다고 주장하는 것은 오용이라고 말할 수 있다."

월리스는 그 문제와 관련해 다음과 같이 덧붙였다. "PCR의 큰 문제는 손쉬운 조작이 가능하다는 점이다. 매회 분자가 증폭되는 순환 과정을 통해 이루어지는 방식이기 때문이다. 분자 차원에서 보면 우리 대다수는 체내에 코로나바이러스와 유사한 DNA 조각을 아주 조금씩이라도 갖고 있다. 이런 과정의 순환을 반복하면 음성 결과가 양성으로 바뀌어 확진으로 이어질 수 있다. CDC와 WHO 같은 보건 관리 기구는 감염병 검사 기관에 CT 값을 높이거나 낮추라고 지시함으로써 확진 건수를 조절할 수 있다." CT(Cycle Threshold) 값이란 유전자 증폭을 몇 차례 거쳤을 때 바이러스 감염을 확정할 수 있는지를 수치화한 것으로 유전자 증폭 횟수라고 이해하면 된다.

2020년 8월 《뉴욕 타임스》는 이렇게 보도했다. "PCR의 CT 값이 34 이상 되면 살아 있는 바이러스를 감지하는 경우가 아주 드물고 대부분 감염성이 전혀 없는 죽은 뉴클레오티드(핵산의 성분)만 확인할 수 있다. CDC와 WHO의 지침에 따라 미국의 코로나19 검사 기관 다수는 CT 값을 40 이상으로 설정해 검사를 실시한다. 우리 신문은 매사추세츠, 뉴욕, 네바다주의 데이터를 검토한 결과, 양성 판정을 받은 사람의 약 90%가 어떤 바이러스도 갖고 있지 않았다."[17]

여기서 90%라는 의미를 한번 생각해보라! 실제로 90%가 그렇다면 검사 결과를 어떻게 믿을 수 있겠는가?

2021년 5월 CDC는 백신 접종자의 경우 코로나19 검사를 할 때 PCR의 CT 값을 40에서 28로 낮추도록 했다. 그렇게 하면 당연히 양성 반응이 크게 줄어든다. 따라서 백신 옹호론자들은 이런 단 하나의 작은 수정만으로 백신이 큰 성공이라고 자랑할 수 있었다.

2020년 4월 온라인 매체 '언커버 DC'의 셀리아 파버 기자는 캐나다의 생물학자로 '에이즈를 다시 생각하자' 단체의 대표인 데이비드 크로와 인터뷰를 했다. 그 자리에서 크로는 "PCR의 CT 값을 20으로 줄이면 검사받는 모든 사람이 음성으로 나오고, 50으로 늘리면 모두가 양성으로 나올 수 있다"라고 말했다.

1996년 5월 멀리스 박사는 토크 라디오 진행자 게리 널과 가진 인터뷰에서 자신이 개발한 PCR가 에이즈 확진 건수를 조작하는 데 이용되었다고 주장했다. "PCR 검사가 도입되면서 확진자 수가 기하급수적으로 증가했다. 검사 건수가 그만큼 많아졌기 때문이다."[18]

멀리스 박사는 개탄을 금치 못했다. "이 모든 것이 사기극이다. 파우치 같은 사람이 나서서 뭐라고 떠들어대지만 그는 무엇 하나 제대로 아는 게 없다. 그의 면전에서 대놓고 말할 수 있다. 아무것도 모르는 사람이라고. (……) 그는 지금 그 자리에 있어서는 안 되는 사람이다. 그처럼 높은 자리에 앉은 사람 대다수는 그저 행정가일 뿐이다. 실제로 아래에서 무슨 일이 일어나는지 전혀 모른다. (……) 그들은 우리가 낸 세금으로 급여를 받기 때문에 우리의 건강을 어떤 식으로든 책임져야 할 의무가 있다. (……) 하지만 그들은 자기들 마음대로 규칙을 만들었다가 바꾸고 싶으면 마음대로 바꾼다. 숨겨진 의도가 있기 때문이다. 우리는 그런 것을 원치 않는다. 그런데도 파우치는 TV 카메라 앞에서 자신에게 급여를 주는 국민들을 상대로 새빨간 거짓말을 누워서 떡 먹듯이 한다."

멀리스 박사는 파우치를 포함해 의료 행정의 최고 위치에 있는 사람들이 전부 다 대국민 사기극에 가담하고 있다고 확신했다. "그들은 나 같은 사람이 나서서 자신들에게 그런 질문을 하도록 놔두지 않는다. 그들은 그런 일을 막으려고 온갖 수단을 동원한다." 멀리스 박사는 코로나19 팬데믹이 시작되기 7개월 전인 2019년 8월 7일 폐렴으로 사망했다.

2021년 8월 학술지 《감염병 저널》은 코로나19의 PCR 검사와 관련해 다음과 같은 결론을 내렸다. "특정 바이러스의 PCR 검사에서 양성으로 나온 사람의 절반 이상(50~75%)이 그 바이러스에 감염되지 않았을 가능성이 크다는 우리의 연구 결과에 비추어볼 때 실시간 유전자 증폭(RT-PCR) 검사 결과의 양성을 SARS-CoV-2(코로나19 바이러스) 감염 여부의 정확한 척도로 삼아서는 안 된다."[19]

데이비드 크로는 셀리아 파버 기자와 가진 '언커버 DC' 인터뷰에서 얼마 전 세상을 떠난 멀리스 박사를 옹호했다. "그가 이 자리에서 자신의 견해를 다시 한번 정확히 알릴 수 없게 되어 매우 안타깝다. 그가 PCR 검사법 자체를 발명한 건 아니었다. 다만 그는 PCR를 실행하는 아주 강력한 기법을 개발했는데, 그 기법이 지금 오용되고 있다." 그로부터 3개월 뒤인 2020년 7월 크로도 암으로 세상을 떠났다.

그리고 2021년 7월 CDC는 홈페이지에 아무런 설명 없이 RT-PCR를 다른 검사 방식으로 바꾸겠다는 내용의 안내문을 올렸다. "2021년 12월 31일이 지나면 CDC는 FDA에 'CDC 2019-신종 코로나바이러스(2019-nCov) 실시간 RT-PCR 진단 패널'의 긴급 사용 승인(EUA) 신청을 철회할 예정이다. 이는 SARS-CoV-2만을 검사하기 위해 2020년 2월 도입한 기법을 말한다. CDC는 검사 기관들이 FDA가 승인한 다른 검사 방식 중 하나를 선택하여 시행할 수 있도록 충분한 시간을 주기 위해 이 안내문을 사전에 게재한다. 검사 방식의 순조로운 전환을 위해 CDC는 현재의 RT-PCR 분석 방식을 사용하는 검사 기관들이 빠른 시일 안에 FDA가 승인한 다른 코로나19 검사 방식을 선택해 사용하기를 권고한다."

CDC의 이 같은 충격적인 발표가 나오고 며칠 지나지 않아 영국의 신문《타임스》는 "코로나19와 열대 질병 등을 대상으로 한 신속 검사 기술을 개발하는 영국 회사를 인수해 사회적 기업으로 전환하는 컨소시엄에 조지 소로스와 빌 게이츠가 참여한다"라고 보도했다.[20]

윌리스의 다큐멘터리 동영상 〈플랜데믹 1〉에 등장한 미코비츠 박사는 현재 실시 중인 정책(법령) 하나가 이 같은 의학계/의료계 부패의 핵심이라고 믿고 있다. 그녀는 과학자들 사이의 '이해 충돌'이라는 심각한 문제에 관한 질문을 받자 매우 명확하고 간결한 해결책을 제시했다. "바이 · 돌법(Bayh-Dole Act)을 폐지하면 됩니다."

1980년 미국 의회에서 통과된 바이 · 돌법('특허 및 상표 법률 수정법'으로도 알려졌다)에 따르면, 연방 기관과 대학에 소속된 과학자들이 연방 정부의 재정 지원으로 발명이나 발견의 성과를 올렸을 경우에도 이에 대한 개인적인 소유권을 주장할 수 있다. 예를 들어 과학자들이 납세자들의 돈 수백만 달러를 들여 신약 물질을 발명하거나 발견했을 때도 그들이 개인적으로 특허 소유권을 갖고 그것을 제약사에 팔 수 있다. 그러면 제약사는 그 신약을 다시 납세자들에게 팔아 이익을 챙길 수 있다. 따라서 그 법은 납세자만 이중으로 손해를 보게 만든다고 미코비츠 박사는 강조했다.

어떻게 보면 그 결과는 충분히 예측 가능했다. 현재 대학들이 승인받는 특허 건수는 1980년의 16배에 이른다. 비판자들은 대부분의 경우 막대한 금전적 이익이 걸려 있기 때문에 과학자들이 인류를 위해서가 아니라 자신이 부자가 되기 위해 열심히 일한다고 지적한다.

미코비츠 박사는 윌리스에게 이렇게 설명했다. "바이·돌법은 정부 소속 과학자들에게 자신의 발명과 발견에 대한 특허를 낼 권리를 부여하죠. 납세자들의 돈으로 이룬 성과에 대해 과학자 개인이 지적 재산권을 주장할 수 있도록 한다는 뜻입니다. 1980년대 초 그 법이 도입되면서부터 과학계가 무너지기 시작했고, 심각한 이해 충돌이 빈번히 발생했어요."

미코비츠 박사는 1985년 5월 그 현상을 직접 목격했다. 갤로 박사의 HIV에 대한 연구에 특허가 승인된 것이었다. (앞서 언급했지만 파우치 박사가 루세티 박사와 미코비츠 박사의 논문 발표를 지연시켰고, 그사이 갤로 박사가 자신의 논문을 먼저 발표했다.) 한편 파우치 박사와 나중에 CDC 국장이 된 로버트 레드필드도 "둘이 손잡고 다른 연구로 공로를 인정받으면서 돈방석에 앉았어요"라고 미코비츠 박사는 주장했다. 그 두 사람은 에이즈를 치료하는 인터류킨2 요법의 특허를 공동 소유하고 있었다. 미코비츠 박사의 주장에 따르면, 인터류킨2는 원래 잘못된 요법이었지만 그들은 특허를 소유한 그 치료제의 효과를 뒷받침하기 위해 여러 연구들을 '짜맞추었다'.

미코비츠 박사는 바이·돌법이 없고, 파우치 같은 과학자들에게 이해 충돌의 여지가 없었다면 더 나은 치료제가 더 빨리 나올 수 있었다며 "수백만 명이 에이즈로 목숨을 잃는 일은 없었을 거예요"라고 말했다. 하지만 결국 가장 효과적인 치료제를 찾는 경쟁이 아니라 자기 이익을 챙기는 경쟁이 벌어졌다. (지금 파우치 박사가 코로나19 백신의 특허 승인을 아주 적극적으로 지지하는 것도 우연이 아닐지 모른다. 하지만 특허가 부여되지 않아야 경제적으로 어려운 국가들의 수많은 사람들이 도움을 받을 수 있다.)

미국의 일반 국민은 과학자들이 정부 지원 연구를 통해 얼마나 큰 개인적인 이득을 얻는지 몰랐다. 그러다가 2005년 AP 통신이 자체 조사를 벌인 결과, 갤로 박사 같은 NIH 소속 연구자들이 납세자가 지원한 연구로 얻은 특허의 로열티로 거의 900만 달러를 받았다고 밝혔다. AP 통신은 특히 파우치 NIAID 소장과 그 아래 있는 클리퍼드 레인 임상국장이 1980년대 HIV와 에이즈 치료와 관련된 연구로 이득을 얻었다는 사실을 지적했다. 파우치 박사는 모든 수익을 자선 단체에 기부했다고 주장했지만 그 증거를 제시하지는 않았다.[21]

AP 통신의 보도가 나온 뒤에야 NIH 내부에 이해 충돌이 비일

비재하다는 사실을 많은 미국 국민이 알게 되었지만 정부 관리들은 그전부터 이해 충돌이 연구의 초점과 성격에 지나친 영향을 미칠 것이라는 점을 잘 알고 있었다. 일찍이 2000년 도나 섈레일라 보건복지부 장관은 과학자들이 연구와 관련된 재정적인 이해관계를 밝힐 것을 요구하는 새로운 정책을 수립했다. 그러나 그 정책을 따르도록 강제할 수 있는 실질적인 조치는 AP 통신의 관련 보도가 나오기 전까지는 마련되지 않았다.

바이·돌법의 또 다른 부작용은 민간의 거부들이 미국 과학계에 과도한 영향력을 행사하는 것이었다. 특허 로열티의 유혹 때문이었다. 성범죄로 유죄 선고를 받은 억만장자 제프리 엡스타인 같은 사람들도 대학과 기구 등의 연구에 수백만 달러를 지원했다. 수많은 기구들이 그들의 재정 지원을 절실히 원했다. 시간이 흐르면서 과학적인 배경이 없는 그런 거부들이 학계의 신뢰까지 얻었다.

미코비츠 박사는 세계에서 손꼽히는 부자로 알려진 빌 게이츠를 또 다른 예로 들었다. "아무도 그를 지도자로 선출한 적이 없잖아요? 그는 의학적인 배경이 전혀 없을뿐더러, 전문 지식도 없어요. 그런데도 우리는 그런 사람이 과학과 관련한 사회적인 문제에 목소리를 낼 수 있도록 치켜세우면서 수백만 명의 목숨을 외면하고 있어요." 실제로 게이츠는 21세기 들어 새로운 인생 목표를 세웠다. 과거 IT 기업가로서 마이크로소프트 창업자로만 알려졌던 그가 2000년 아내와 함께 빌&멜린다 게이츠 재단을 설립하며 자선 사업으로 눈을 돌린 것이다. 이 재단은 자산 510억 달러인 세계 최대의 규모로 주된 목표 중 하나가 '의료 증진'이다. 게이츠 부부에게 그 표현은 주로 백신을 의미한다.

예를 들어 2009년부터 2015년까지 이 재단으로부터 가장 많은 지원(40억 달러 이상으로 알려졌다)을 받은 기구가 세계백신면역연합(GAVI)이었다. GAVI는 빌&멜린다 게이츠 재단이 설립된 해인 2000년 세워졌는데, 이 역시 게이츠 부부가 설립자다. 출범 당시 기부금이 7억 5000만 달러였다. GAVI는 홈페이지에서 "세계 최빈국 어린이 8억 2200만 명에게 백신을 접종시켜 앞으로 1400만 건 이상의 사망을 방지할 수 있게 되었다"라고 자랑한다.[22]

GAVI와 게이츠는 기존 질병 외에 '아직 유행하지 않은' 질병의 백신 개발에도 뛰어들었다. 예를 들어 2017년 GAVI는 "팬데믹을 예방하기 위한 사상 최대의 연합"을 결성했다고 발표했다. 그 명칭이 '감염병 대비 혁신 연합(CEPI)'이다. CEPI는 당연히 빌&멜린다 게이츠 재단의 재정 지원을 받지만 그 외 독일, 노르웨이, 일본 정부의 지원도 받는다.

GAVI와 게이츠 부부의 팬데믹 예방 백신 프로젝트에 합류한 또 다른 재단이 웰컴 트러스트다. 영국의 대형 제약사가 설립한 이 재단은 세계 각지의 과학과 의학 연구를 지원한다. 그 결과,

그들은 미국에서만 10여 개의 특허를 소유하고 있다. 그중 하나가 코로나19 팬데믹이 시작된 직후인 2020년 2월에 승인된 분무형 로타바이러스 백신이다. 2개월 뒤 인디애나 대학(블루밍턴 캠퍼스)의 한 연구자는 이 로타바이러스 백신을 재설계하면 코로나19를 예방할 수 있을지 모른다는 견해를 제시했다. 특히 어린이에게 접종하면 가능성이 크다는 주장이었다. 우연일까? 다음과 같은 사실을 따져보면 우연은 아닌 듯싶다.

백신은 생명을 구하는 필수적인 수단이지만 동시에 거대한 사업이다. 또 그 둘 사이의 차이를 인식하는 것이 중요하지만 하나를 믿는다고 해서 다른 하나를 믿을 수 없다는 뜻은 아니다. 예를 들어 윌리스가 미코비츠 박사에게 세간에 알려진 대로 '백신 반대자'인지 물었을 때 그녀는 단호했다. "천만에요. 백신은 면역 요법입니다. 인터페론 알파가 면역 요법인 것처럼요. 따라서 나는 백신에 반대하지 않습니다. 내 본업이 면역 치료제를 개발하는 것이잖아요? 그 치료제가 안전하게 만들어지면 바로 그것이 백신이에요."

그러나 문제는 백신 개발 사업이 실행에 옮겨졌을 때 백신 개발을 주창한 사람들이 막대한 이익을 얻는다는 사실이다. 그들이 특허권을 소유하고 있기 때문이다. 그것이 엄연한 현실이지만 전 세계의 일반인들은 그런 사실을 잘 모른다. 백신 개발 주창자들은 눈앞의 수익 때문에 자신들이 아무리 윤리를 중시한다

해도 설득력이 떨어질 수밖에 없다. 자신이 개발한 약으로 수익을 올릴 수 있다면 아무리 선의를 갖고 있다 해도 그 약의 효과를 불편부당하게 공표하기는 거의 불가능하다고 해도 과언이 아니다. 다른 산업에서는 바로 그것이 기업 윤리의 기본이다. 그러나 어찌 된 영문인지 의료 산업에서는 그런 이해 충돌적인 구조가 버젓이 자리 잡고 있다. 비윤리적이지만 대부분 무시된다.

게다가 이런 이해 충돌에 의문을 제기하는 사람은 철저히 제재받는다. 재갈 물림을 당하고, 공격받으며, 명예를 훼손당하고, 완전히 쫓겨나지 않는다 해도 뒷전으로 밀려난다. 의사들과 과학자들은 인류와 사회에 큰 영향을 끼치는 그 직업의 성격상 세밀한 감시와 조사를 받아야 마땅한데, 대다수는 아무런 비난을 받지 않는다. 그들에게 따져 묻는 사람도 없다. 어쩌다 이런 지경이 되었을까?

전형적인 사례를 보자. 2020년 4월 코로나19가 기승을 부릴 때 빌 게이츠는 언론에 자주 등장했다. 인터뷰 요청을 받으면 마다하지 않았다. 의학 교육을 받은 적이 없으면서도 그는 "세계 인구 전체가 대부분 백신 접종을 받아야 팬데믹 이전의 일상으로 돌아갈 수 있다"며 대중에게 일상 회복을 위한 자신의 처방을 자신 있게 제시했다.[23] 그때는 이미 빌&멜린다 게이츠 재단이 코로나19 백신 개발에 수백만 달러를 지원한 상태였다. 예를 들어 한국의 SK바이오사이언스에 360만 달러, 중국의 상하이저

룬(上海澤潤) 바이오테크놀로지에 100만 달러, 인도의 바이올로지컬 E. 리미티드에 400만 달러 이상을 지원했다. 이 기업들의 연구 결과는 아직 발표되지 않았다. 그러나 그들의 성과가 특허를 받으면 빌&멜린다 게이츠 재단이 수익을 올릴 수 있다.

전통적인 특허 소유권은 발명자가 갖지만 '양수인(assignee)'에게 이전될 수도 있다. 양수인은 해당 특허에 재산권을 가진 법인으로서 특허 사용에 따른 로열티를 받는다. 빌&멜린다 게이츠 재단은 미국에서 그들이 지원한 연구에서 비롯된 여러 건의 특허에 이미 양수인으로 등록되어 있다. 따라서 빌 게이츠가 의학적인 지식과 배경이 없으면서도 백신을 해결책으로 강하게 밀어붙인다면 그의 동기는 뻔하지 않을까?

CNBC 방송 인터뷰에서 베키 퀵 기자는 빌 게이츠에게 이렇게 물었다. "지난 20년 동안 백신 사업에 100억 달러를 투자하면서 그 막대한 투자에 대한 수익을 계산했을 것 같은데요. 나로선 그 수익이 얼마나 될지 잘 모르겠어요. 어떻게 계산하면 되는지 쉽게 설명해줄 수 있나요?" 그러자 게이츠는 이렇게 대답했다. "수익률은 20 대 1이 조금 넘습니다. 따라서 경제적인 이득으로 따지면 다른 어떤 사업보다 수익률이 아주 좋은 편이죠."[24]

자신이 홍보하는 치료제나 백신과 이해관계가 있는 인물은 빌 게이츠 외에도 많다. 의료계와 산업계 전반에서 의사들과 과학자들이 자신의 이름으로 낸 특허가 수천 건에 이른다. 이를 통해 그들은 정기적으로 꼬박꼬박 수익을 챙긴다.

월리스의 미코비츠 박사 인터뷰는 미국에서 돈과 과학과 정치와 언론과 권력이 어떻게 서로 엮이는지를 단적으로 보여준다. 어찌 보면 미코비츠 박사의 경력 전체가 그 소용돌이에 휘말려 있었다. 코로나19 팬데믹의 한가운데 있는 우리에게 이보다 더 중요한 이야기는 없다.

월리스는 나에게 이렇게 말했다. "처음에는 자비를 들여 이 인터뷰 전체를 잘 편집해 미코비츠 박사에게 감사의 선물로 주어야겠다고 마음먹었다. 최소한 그녀가 다른 곳에 가서 다큐멘터리를 만들거나 자신이 목격한 것에 관해 공개적으로 목소리를 내려 할 때 이 인터뷰를 사용할 수 있지 않을까 하는 생각에서였다. 또 그 당시 앤서니 파우치가 '미국 최고의 의사' 자리로 돌아갈 게 확실했기 때문에 나는 최소한 미국 국민이 자신의 건강과 미래에 관해 정확한 정보를 갖고 결정을 내릴 수 있도록 지금까지 숨겨져온 정보를 미코비츠 박사를 통해 알려줄 필요가 있다고 느꼈다." 하지만 그 자그마한 호의가 곧바로 더 큰 일로 확대되었다.

월리스는 그때의 생각을 다음과 같이 설명했다. "당시 미국에선 성범죄 피해 사실을 밝히며 심각성을 알리는 캠페인 '미투' 운동과 '여성의 말을 믿어라(Believe Women)' 운동이 한창이었다. 그 운동을 보면서 나도 이렇게 생각했다. '우리가 진정으로 추구해야 할 사명이 있다면 이 여성의 말을 사람들에게 들려주는 게 아닐까? 사람들에게 적어도 그런 기회를 줘야 공평하지 않을까?' 그러면서 부당한 취급을 받은 사람의 목소리를 들려주는 것이 중요하다는 확신이 들었다. 특히 남성이 지배하는 과학계에서 억울함을 당한 여성의 목소리는 반드시 널리 알려야 한다고 생각했다."

미코비츠 박사와의 인터뷰가 끝났을 때 윌리스는 마음을 정했다. 전 세계가 이 인터뷰 동영상을 볼 수 있도록 하겠다는 결심이었다. 그렇게 해서 〈플랜데믹 1〉이 탄생했다.

제3장
거짓이라는 주장의 허구

모든 진리는 세 단계를 거친다. 먼저 조롱거리가 되고, 그다음 극렬한 반대에 부닥치며, 마지막에야 자명한 것으로 받아들여진다. ─ 아르투어 쇼펜하우어

윌리스와 그를 돕는 조사 책임자 너새니얼은 다큐 동영상으로 탄생한 〈플랜데믹 1〉을 신속히 출시하기 위해 열정을 바쳐 일했다. 윌리스는 "동영상을 올리는 '보내기' 버튼을 클릭하기 전에 우리는 미코비츠 박사가 주장한 모든 사항을 면밀히 재확인하는 과정을 거쳤다"라고 돌이켰다. "그 결과 우리는 그녀가 제공한 정보가 정확하거나, 또는 최소한 '결론이 아직 내려지지 않고 계속 논쟁 중인 과학'임을 확신했다."

2020년 5월 4일 드디어 모든 준비가 끝났다. "우리는 '보내기' 버튼을 누르기 전에 '5월 4일이 우리와 함께하기를!'이라고 외쳤다. 영화 〈스타워즈〉의 명대사 'May the force be with us!(포스가 우리와 함께하기를!)'에서 'May the force'를 살짝 비틀어 5월 4일을 가리키는 'May the 4th'로 바꾼 재담이었다. 우주로부터 도움과 안내를 구하는 우리 나름의 장난스러운 방식이었다." 윌리스와 너새니엘은 오하이의 사무실에서 숨을 죽이며 26분짜리 동영상이 페이스북과 유튜브에 업로드되는 것을 지켜보았다.

윌리스는 "〈플랜데믹 1〉은 예상을 뛰어넘어 인터넷을 타고 급속히 퍼져나갔다"라고 말했다. "우리는 처음부터 몇십만 뷰, 잘하면 100만 뷰 정도는 충분히 기록할 것으로 기대했다. '나쁜' 의학과 '나쁜' 약과 백신 때문에 억울함을 당한 사람들의 수를 고려하면 사람들의 관심이 높아 많은 공유가 이뤄질 것이라는 사실을 알았기 때문이다. 나는 사람들이 미코비츠 박사의 심정을 충분히 이해하고, 그녀의 말에 진실이 담겨 있다는 사실을 알 만큼 이해심과 민감성이 있을 것으로 예상했다."

하지만 그 정도가 아니었다. 〈플랜데믹 1〉은 곧바로 수십만 뷰에서 수백만 뷰를 기록했다. 전 세계의 네티즌들이 자신의 소셜 미디어 플랫폼에서 이 동영상을 퍼 나르면서 〈플랜데믹 1〉은 바이러스처럼 번져나갔다. 출시한 지 일주일도 안 돼 1억 뷰를 넘어섰다. 윌리스와 그의 팀은 이 동영상이 최소한 일부 집단에서 상당한 인기를 끌 것이라는 사실은 알았지만 그처럼 단번에 이런 기대를 뛰어넘어 거대한 쓰나미를 몰고 올 줄은 몰랐다.

오하이의 산악 지대에 위치한 허름한 사무실에 박혀 일하던 소규모 팀이 전 세계에 이처럼 충격적인 파장을 일으켰다는 사실을 아는 사람은 거의 없었다. 그들 주변에 사는 주민들은 여느 때처럼 일상생활을 이어갔다. 아마 아래층 커피숍 직원들도 위층에서 무슨 일을 터뜨렸는지 전혀 알지 못했을 것이다. 실제로 윌리스와 그의 팀은 무슨 대단한 일을 일으키려 한 것이 아니었다. 단지 미국에서만이 아니라 전 세계의 역사에서 가장 중대한 사건 중 하나에 대한 대안적인 시각을 제공하고, 그와 관련된 목소리를 누구든 관심 있는 사람들과 공유하고 싶었을 뿐이었다.

윌리스는 "〈플랜데믹〉의 첫 반응은 매우 긍정적이었다"라고 회상했다. "세계 도처에서 사람들이 이 동영상을 공유하며, 용기 있게 목소리를 낸 미코비츠 박사에게 고마움을 표하는 댓글을 남겼다." 그러나 곧바로 비판자들의 공격이 시작되었다. 주류 언론과 소위 가짜 뉴스를 잡아낸다는 '팩트체커'들이 윌리스 팀의 평판을 깎아내리며 그들을 파멸시키기 위해 온갖 수단을 동원했다.

"그들은 모든 아름다운 것을 추하게 변화시키는 '거꾸로 만들기' 전문 연금술사들이었다. 그때까지 내가 했던 좋은 일이 그들에 의해 하룻밤 사이에 뒤집혀 내가 믿을 수 없는 사람이라는 증거로 왜곡되었다. 나의 50회 생일 파티를 찍은 동영상조차 개인 숭배 모임으로 낙인찍혔다. 착하디착한 나의 아내는 '악녀'로 매도되었다. 아무 근거 없는 중상과 비방이었지만 그런 말을 들은 일부 사람들은 우리 아이들을 걱정한 나머지 그들을 우리와 분리시켜 보호하라고 당국에 요구하기도 했다.

그 상황은 2007년 내가 참여했던 영상 제작 프로젝트를 떠올리게 했다. 당시 우리는 샌타모니카 피어에서 볼 수 있는 일상 풍경을 카메라에 담았다. 아기에게 수유하는 여인, 동물 모양의 풍선을 부는 광대, 열정적으로 입 맞추는 연인들, 전자오락을 즐기는 아이들 등등. 우리는 그 장면들을 엮어 똑같은 동영상의 두 가지 버전을 만들었다. 하나는 쾌활하고 재미있는 배경 음악을 깔았고, 다른 하나는 공포 영화의 배경 음악을 사용했다.

장면은 둘 다 똑같았지만 그 두 가지 버전을 본 사람들은 전혀 다른 동영상이라고 생각했다. 예를 들어 아기에게 젖을 먹이는 여인이 한 버전에서는 '아름답게' 보였지만 다른 버전에서는 '섬뜩한' 인상을 주었다. '귀여운' 광대는 '무시무시한' 사람으로 변했고, 달콤한 키스를 하는 연인들은 '불길한' 느낌을 주었다. 전자오락을 하는 아이들은 '임박한 위험에 처한' 아이들로 보였다. 배경 음악 하나로 모든 것이 달라졌다. 그만큼 미디어 소비자를 조종하기가 쉽다는 뜻이다. 선전의 대가들이 너무나 잘 아는 사실이다.

미디어 제작 경험이 많은 나로서는 우리의 평판에 먹칠하려고 그들이 사용하는 더러운 전술이 그리 놀랍지 않았다. 다만 충격적인 것은, 수많은 일반 시민이 그런 전술에 쉽게 속아 넘어간다는 사실이었다. 며칠 전까지만 해도 우리를 열렬히 지지하던 사람들이 갑자기 〈플랜데믹 1〉을 공유한 행위에 대해 사과하는 글을 올렸다.

바로 몇 시간 전에 나에게 격려의 이모티콘을 날리던 사람들이 공개적으로 나와 거리를 두기 시작했다. 나는 그들 중 몇 사람에게 물어봤다. '당신은 나를 20년 넘게 알아왔잖아요. 그런 나보다 언론을 더 믿나요?' 그들은 대답이 미리 입력된 로봇처럼 말했다. '당신이 만든 동영상은 위험해요. 사람들을 죽음으로 몰아갈 수 있어요. 빌 게이츠와 앤서니 파우치는 영웅이거든요. 백신은 우리의 유일한 희망이고요.'"

윌리스는 이렇게 덧붙였다. "그건 주류 언론과 언론을 통제하는 사람들이 우리의 집단의식을 심하게 왜곡시킨 결과다. 그러나 지금 내가 매일 받는 사과 메시지의 건수를 보면 개인적인 생각이긴 하지만 형세가 반전되고 있는 듯하다."

사실은 나도 〈플랜데믹〉을 경멸했다. 페이스북에 올라온 동영상을 보지도 않고 지나쳤다. 그 동영상을 공유하는 사람들이 어떤 부류인지 알고, 또 내가 믿는 다른 사람들이 그에 대해 보여주는 반응을 보면 안 봐도 뻔하다고 판단했다. 또 나는 '백신 거부자'들을 불쾌하게 여기면서 '과학 신봉자'들을 지지했다. 오랜 취재 경험으로 정부를 믿으면 안 된다는 철학을 갖고 있었지만 다른 한편으로 주요 뉴스 보도를 부인하는 터무니없는 음모론자가 많다는 사실도 잘 알고 있었다. 나는 〈플랜데믹〉 제작팀도 그같은 그릇된 생각을 가진 음모론자들이라고 생각했다.

그때쯤 위생 제품에 대한 취재를 맡게 되었다. 바이러스와 바이러스 퇴치에 관한 과학을 올바로 이해하기 위해 나는 과학 연구 논문들을 검토했다. 거기에 담긴 내용은 CDC와 WHO가 발표하는 지침의 많은 부분과 완전히 배치되었다(자세히 보면 그 지침들은 계속 바뀐다).

그 논문들을 보면서 내가 얻은 몇 가지 요지는 이렇다. "마스크는 해로울 수 있다." "손을 씻는 것은 효과가 제한적이다." "안전하고 효과 있는 바이러스 백신은 조만간 개발될 수 없을 것이다." 나는 CDC와 WHO 등의 보건 기구들이 홈페이지에서 실시간으로 지침을 변경하는 것을 지켜봤다. 바로 전날에는 지침이 달랐다는 언급조차 없었다. 주류 언론에서 제시되는 것과 뭔가 다른 이야기가 펼쳐지고 있는 게 분명했다.

얼마 지나지 않아 나는 〈플랜데믹〉을 직접 보기로 했다. 놀라웠다. 나는 그 동영상 안에 담긴 정보가 안내하는 기이한 세계로 빠져들었다. 그 결과가 바로 이 책이다. 하지만 나처럼 기꺼이 그렇게 할 생각이 있는 동료 저널리스트는 많지 않았다.

윌리스는 나와 가진 인터뷰에서 "기자를 포함해 팩트체커 20여 명이 〈플랜데믹〉 내용에 관해 독자적인 조사를 했다"라고 말했다. "하지만 그들 모두 '사람들은 이 동영상의 내용이 완전히 허위라고 하는데 조사해보니 그 모든 내용이 진실로 확인된다. 도대체 어찌 된 영문인지 모르겠다'는 반응을 보였다."

———————

세계의 여론을 조종하는 세력들은 주류 언론을 동원해 이 동영상의 내용이 '허위'라는 주장을 되풀이함으로써 일반인들이 깊이 따져보지도 않고 외면하도록 만들었다. 엄청난 횡포였다. 윌리스와 그의 팀은 〈플랜데믹〉을 신랄하게 비판하는 기사가 시도 때도 없이 쏟아지는 것을 보았다.

그런 기사 대부분은 성급하게 비판에만 몰두하느라 동영상 메시지의 요점조차 제대로 파악하지 못했다. 그런데도 〈플랜데믹〉 제작팀은 열린 마음으로 협력하는 기조를 유지하며, 각 매체에 메시지의 핵심을 설명하는 동시에 기사 내용을 수정해달라고 정중히 요청했다.

그러나 아무도 자신이 소속한 진영의 기본 입장에 도전할 의지도 없고, 동영상의 내용을 자세히 알아보려는 호기심도 없어

보였다. 〈플랜데믹〉 제작팀은 바위를 깨려고 달걀을 던지는 듯한 느낌이었다. 상황은 악화 일로였다. 물론 이 동영상은 도발을 의도했다. 메시지가 주류 언론의 소음을 뚫고 대중에게 직접 도달하도록 하기 위해 고민 끝에 어쩔 수 없이 내린 선택이었다. 그렇다고 허위 내용으로 동영상을 만든 것은 결코 아니었다. 흔히 그렇듯이 진실은 가장 도발적인 주제일 수 있다.

〈플랜데믹 1〉이 공개된 지 이틀 후인 5월 6일 월리스와 그의 팀은 또 다른 핵폭탄을 맞았다. 동영상이 갑자기 사라진 것이었다. 지지자들이 페이스북, 유튜브, 트위터뿐만 아니라 인터넷 전체에서 〈플랜데믹〉이 완전히 삭제되었다는 사실을 제작팀에 알려왔다. 정말 희한한 일이 벌어지고 있었다.

페이스북 측은 나중에 《로스앤젤레스 타임스》와 가진 인터뷰에서 "마스크를 착용하면 병이 날 수 있다고 시사하는 것은 공중 보건에 중대한 피해를 가져올 수 있기 때문에 그 동영상을 삭제했다"라고 밝혔다.[1]

〈플랜데믹 1〉에 나오는 미코비츠 박사의 언급을 문제 삼았다는 뜻이었다. 그녀는 마스크 착용이 "바이러스를 활성화"시킬 수 있기 때문에 착용하지 않는 것보다 더 위험하다고 말했다. 하지만 잘 돌이켜보라. CDC, 보건복지부, 공중보건국 등 정부 기관들도 팬데믹 초기에는 마스크를 착용하지 말라고 권고하지 않았는가? 그런 사실을 잊었단 말인가?

다른 소셜 미디어들도 나름대로의 논리를 내세우며 페이스북의 전철을 따랐다. 그에 따라 순식간에 달아오르면서 널리 퍼졌던 〈플랜데믹 1〉 동영상이 마찬가지로 순식간에 사라져버렸다. 유튜브는 "코로나19에 관해 의학적으로 입증되지 않은 진단적 권고가 포함된 콘텐트"를 정기적으로 걸러내는 것이 자신들의 방침이라는 논리로 〈플랜데믹 1〉의 삭제를 정당화했다. 윌리스와 그의 팀은 동영상에서 어떤 부분이 '진단적'이었는지 이해할 수 없었다. 그러나 유튜브 측은 삭제 결정에 대한 자세한 설명을 하지 않았다.

동영상 공유 플랫폼인 비메오는 〈플랜데믹 1〉 삭제와 관련해 이런 성명을 냈다. "우리는 진실을 오도하는 유해한 건강 정보를 퍼뜨리는 콘텐트로부터 우리 플랫폼을 안전하게 지키는 것을 사명으로 삼는다. 우리 '신뢰와 안전'팀은 문제의 동영상이 우리의 정책을 위반한 것으로 판단하여 삭제했다."

트위터는 〈플랜데믹 1〉을 계속 허용하는 유일한 동영상 플랫폼이 될 듯했다. 다른 사이트에서 이 동영상이 전부 삭제된 뒤에도 트위터에는 남아 있었다. 그러나 해시태그 #PLANDEMICMovie와 미코비츠 박사의 책 #PlagueofCorruption은 처음에는 전 세계로 널리 퍼지는가 싶더니 갑자기 검색과 트렌드에서 사라졌다. 구글에서는 거의 보이지 않았다.

그런 상황에서도 이 동영상은 뚜렷한 족적을 남겼다. 《뉴욕 타임스》는 〈플랜데믹〉이 다른 유행 토픽들, 예를 들어 종영된 인기 드라마 〈오피스〉의 후속작 계획, 테일러 스위프트의 새 뮤직비디오 출시, 미국 국방부의 '미확인 공중 현상(UFO를 중립적으로 표현한 단어)' 존재 인정 등을 압도할 정도로 영향력이 컸다는 기사를 냈다.[2]

월리스는 "민중의 힘과 소셜 미디어 플랫폼의 검열이 호기심을 자극한 덕분에 〈플랜데믹 1〉은 누적 합계로 10억 뷰를 넘어 세계 기록을 세웠다"라고 말했다. 그러나 제작팀은 솔직히 말해 디지털 검열까지는 예상하지 않았다. 미코비츠 박사가 이미 그 점을 경고했지만 그들은 일반적으로 사람들이 흔히 그러듯, '우리는 진실을 말하고 있기 때문에 우리에겐 그런 일이 없을 거야'라고 생각했다. 하지만 현실은 달랐다. 동영상에서 거짓으로 판명난 내용이 전혀 없는데도 단지 주류 언론이 전하는 메시지에 의문을 제기한다는 이유로 〈플랜데믹 1〉은 인터넷에서 가차 없이 삭제되었다.

미코비츠 박사의 주장 중에서 가장 논란이 많은 사안들의 팩트를 입증하고, 모호한 부분을 좀 더 명확히 하기 위해 월리스와 그의 팀은 후속 인터뷰 작업을 시작했다. 특히 마스크 착용이 바이러스를 '재활성화'시킨다는 그녀의 주장이 집중 비난을 받았다. 대다수 비판자들은 이 한 가지 언급 때문에 〈플랜데믹 1〉이 전하고자 하는 나머지 메시지를 완전히 무시했다. 앞서 지적했지만 페이스북이 동영상을 삭제한 것도 바로 이 문제 때문이었다. 그러나 사실은 페이스북과 많은 비판자들이 너무 성급한 결론을 내렸다.

물론 미코비츠 박사의 말이 부정확했을 수 있다. 그러나 마스크를 착용하면 실제로 병이 날 수 있거나(무증상자가 증상을 나타낼 수 있다는 뜻이다), 또 회복 중인 환자의 상태가 더 나빠질 수 있다. 매사추세츠 공과대학(MIT)의 야니르 바르얌 박사는 미국 《뉴잉글랜드복잡계연구소(NECSI) 저널》 2020년 4월호에서 다음과 같이 설명했다.

코로나19 바이러스의 감염을 줄이는 전략은 마스크를 착용하는 것이다. 그러나 일단 감염된 사람이 표준 마스크를 착용하면 재호흡(내쉬었던 숨을 다시 들이마시는 호흡)으로 체내에 다시 들어가는 바이러스 입자가 늘어나게 된다. (……) 호흡으로 배출된 코로나바이러스 입자를 재호흡하면 병세의 진행이 빨라질 수 있다. 최초의 감염은 코로나바이러스 입자를 호흡으로 들이마심으로써 일어난다. 바이러스가 코나 폐에 들어가면 복제를 시작하고 그 입자가 재채기와 기침, 호흡으로 배출된다. 이 입자는 다른 사람을 감염시킬 수 있고, 재호흡으로 다시 감염자의 체내로 들어갈 수 있다. 질병의 진행은 바이러스 복제와 면역 체계의 바이러스 제거 사이에서 일어나는

경쟁으로 결정된다. 재호흡은 바이러스 양을 증가시켜 폐의 다른 곳까지 추가로 감염시킬 수 있다.[3]

다른 여러 연구에 따르면, 코로나19 환자는 스스로 다 나았다고 느끼더라도 최장 31일 동안 계속 바이러스를 배출할 수 있다. 따라서 그 바이러스 입자가 마스크 착용으로 재호흡이 이루어질 경우 회복된 환자에게서 완전히 새로운 폐 감염이 다시 시작될 수 있다.

바르얌 박사는 이렇게 덧붙였다. "코로나19 환자의 80%가 경증을 보이기 때문에 재호흡을 줄이면 중증으로 악화되는 환자의 수를 줄여 코로나19의 전반적인 영향을 약화시킬 수 있다." 그는 어떤 상황에서든 바이러스 재호흡의 위험과 바이러스 입자를 배출함으로써 다른 사람을 감염시킬 수 있는 위험 중 어느 것이 더 큰지 따져본 뒤에 행동하라고 말했다. 그러나 그건 상식을 활용하면 될 문제다. 하지만 정부는 대다수 국민이 상식을 잘 활용하리라고 믿지 않는 듯싶다.

그렇다면 비판론자들이 주장했듯이 〈플랜데믹 1〉에서 미코비츠 박사가 실제로 마스크를 착용하면 코로나19에 걸린다고 말했을까? 정확히 그렇게 말한 것은 아니다. 그보다 훨씬 덜 도발적으로 말했다는 것이 진실이다. 최종적으로 마코비츠 박사는 마스크 착용이 앞에서 묘사된 방식으로 바이러스를 재활성화시킬 수 있다고 분명히 말했다. 있는 그대로의 설명이었지만, 미코비츠 박사의 지적은 비판자들에 의해 터무니없이 왜곡되고 말았다. 〈플랜데믹 1〉의 다른 여러 사안에서도 똑같은 식의 반응이 쏟아졌다.

제4장
플랜데믹 2

일시적으로 작은 안전을 얻기 위해 근본적인 자유를 포기하는 사람은 자유도 안전도 누릴 자격이 없다.

— 벤저민 프랭클린

2020년 7월
미국 캘리포니아주 오하이

지금처럼 새로운 아이디어에 대한 개방성과 투명성이 높았던 적은 없다. 동시에 지금처럼 집단 이기주의와 여론 조작, 그리고 진실의 미명 아래 표출되는 악의와 혐오가 극심했던 적도 없다.

인터넷의 순기능과 역기능이 그 둘 다를 가능케 했다. 그 딜레마를 2020년 여름의 〈플랜데믹〉 제작팀보다 더 뼈저리게 경험한 사람은 없었을 것이다.

코로나19가 전 세계에서 계속 기승을 부리며 〈플랜데믹 1〉의 가장 섬뜩한 예측 중 일부가 현실로 드러나는 상황에서도 제작팀에 대한 중상과 비방과 비판은 그치지 않았다. 하지만 대부분의 공격이 전혀 팩트에 근거하지 않은 것이었다.

윌리스는 이렇게 설명했다.

"언론은 우리가 미코비츠 박사의 주장에 시각적인 효과를 주기 위해 자료용 이미지 몇 가지를 사용했다는 사실을 두고 법석을 떨었다. 미코비츠 박사가 자신이 체포되던 당시의 상황을 말할 때 실제 영상이 없었기 때문에 우리는 비슷한 영상을 모아둔 상업용 사이트에서 구입한 이미지를 사용했다. 다큐멘터리 동영상에 관한 기초 지식이 조금이라도 있는 사람이라면 '보조 영상'을 사용하는 것이 관행이라는 사실을 안다. 진짜 문제는 우리가 그 상황을 정직하게 재현했느냐는 것이다.

미코비츠 박사는 우리가 사용한 보조 영상이 보여준 장면은 자신의 집에서 일어난 경찰의 급습에 비하면 훨씬 더 점잖다고 말했다. 우리가 그 상황을 실제보다 약하게 다루었다는 뜻이다. 그런데도 비판자들은 바로 그런 것이 전체 이야기가 조작되었음을 말해주는 증거라고 우겼다."

전반적으로 볼 때 비판의 대부분은 제작팀의 주장과 논리와는 상관이 없는 듯했다. 비판자들은 미코비츠 박사의 인격을 깎아내리는 데 초점을 맞췄다. 사실 그녀는 여러모로 복잡한 인물이다. 하지만 그렇다고 그녀가 거짓말을 한 것은 결코 아니다. 그럼에도 많은 사람이 무조건 '하지만 그녀는 죄가 있으니까 체포되었잖아요'라고 생각하는 듯했다. 사람들은 〈플랜데믹〉 제작팀이 미코비츠 박사의 체포가 어떻게 이루어졌는지 명확히 파악했다는 사실에는 관심이 없었다. 제작팀은 체포 영장을 입수했다. 하지만 그 영장에는 서명도 없었다. 미코비츠 박사가 주장한 것처럼 효력 없는 영장이라는 뜻이다. 그녀는 어떤 혐의로도 고소된 적이 없다. 하지만 그런 사실은 완전히 무시되었다. 주디 미코비츠는 이미 여론 재판에서 유죄 선고를 받았다.

윌리스는 "우리 모두가 그렇듯이 주디 미코비츠도 불완전한 사람"이라고 말했다. "그녀는 지금까지 당한 일 때문에 때론 감정이 격해져 그녀 수준의 과학자에게서 기대되는 대로 말하고 행동하지 못한다. 이런 인간적인 약점을 확대 해석하면 그녀가 증언하는 내용의 본질을 흐리게 된다. 그건 중대한 과실이다."

윌리스는 그 함정에 다시 빠져들지 않기 위해 〈플랜데믹 2〉에서는 미코비츠 박사가 아닌 다른 내부 폭로자를 다루기로 했다.

"우리의 일거수일투족을 세계가 주시하고 있었다. 그래서 이번에는 2편에서 제기되는 모든 주장이 어떤 비판과 공격도 막아낼 수 있도록 철저히 오류를 걸러내기 위해 독립적인 조사 전담 팀을 별도로 꾸렸다. 또 친구이자 프로듀서인 에릭과 나의 오랜 파트너인 게이브리얼도 끌어들였다. 코로나19에 따른 록다운 때문에 우리는 화상 회의 플랫폼인 줌을 통해 비대면 인터뷰를 시작했다.

〈플랜데믹 1〉이 무차별 공격을 당했다는 점을 고려할 때 우리에게 협조하려는 사람이 많지 않으리라고 생각했다. 그러나 예상 밖으로 여러 고위 전문직 종사자들이 자신의 경력과 삶이 위험해질 수 있다는 사실을 알면서도 기꺼이 우리에게 협조하려 했다. 놀라운 일이었다. 최고의 바이러스 학자, 면역학자, 감염병 전문가, 심지어 저명한 노벨상 수상자 두 명까지 우리를 위해 나서주었다. 영광스럽고 감동적이었다. 그처럼 뛰어난 전문가들이 위험을 무릅쓰려 한다는 것은 의학계와 의료 산업 내부의 부패가 얼마나 심각한지 잘 보여준다고 나는 생각했다. 그 과정에서 나는 정말 많이 배웠다.

30건 이상의 인터뷰를 마쳤을 때 친구들은 나에게 특허 전문가인 데이비드 마틴 박사를 한번 만나보라고 조언했다. 특히 조사팀에서 일하는 숀이 마틴 박사의 동영상 하나를 보여주며 반드시 그를 인터뷰해야 한다고 고집했다. 나로서는 솔직히 그 영상에 담긴 정보를 이해하기 어려웠다. 마틴 박사가 제공하는 정보가 우리 다큐멘터리에 어떤 영향을 미칠지 정확히 가늠할 수 없었다. 하지만 나는 우리 팀을 믿고 그와 화상 인터뷰를 하기로 합의했다."

시작은 여느 인터뷰와 비슷했다. 윌리스는 이렇게 돌이켰다.

"인터뷰 중간쯤 마틴 박사가 열심히 이야기하는 동안 나는 모니터에서 눈을 떼고 고개를 돌려 에릭과 눈을 마주쳤다. 나는 소리를 내지 않고 입 모양으로 '그만하자'고 했다. 에릭은 '왜 그래? 뭐가 문제야?'라고 속삭였다. 나는 '이 친구는 정말 뛰어나. 화상 인터뷰로는 안 되겠어. 반드시 대면 인터뷰를 해야 해. 다음 비행기로 모셔와야겠어'라고 말했다."

다음 날 마틴 박사가 오하이에 도착했다. 그가 제공한 정보는 너무 정확하고 중요해서 윌리스와 그의 팀은 처음 정했던 〈플랜데믹〉 프로젝트의 전체 방향을 바꿀 수밖에 없었다. 나는 나중에 마틴 박사에게 〈플랜데믹〉 프로젝트에 힘을 쏟기로 동의했을 때 어떤 생각이 들었는지 물었다. 〈플랜데믹〉과 조금이라도 연관되면 무조건 경멸당하는 마당에 재무 분석가이자 특허 관련 조사 전문가인 그가 공개적으로 〈플랜데믹〉 제작팀 편에 서게 된 동기는 무엇이었을까? 마틴 박사는 이렇게 답했다. "제작팀도 내가 올린 유튜브 동영상을 보고 다른 많은 시청자들과 똑같은 결론을 내렸을 거라 생각했어요. 완전히 말도 안 되는 이야기라거나, 너무 중요한 정보라거나 둘 중 하나라고 말입니다. 그들도 그 두 가지를 놓고 고심했을 가능성이 크죠."

마틴 박사는 이렇게 덧붙였다. "비행기를 타고 캘리포니아로 오는 도중에 문득 '나는 코로나19 전문가가 아니지 않은가?'라는 생각이 들었어요. 나는 경제 전문 TV 채널에서 시장에 관해 이야기하는 사람이거든요. 또 의회에서 범죄 음모나 조세 포탈이나 공공 신뢰의 오용 등에 관해 증언하기도 했어요. 아무튼 유방암 유전자의 오용이든, 기업이 관련된 화이트칼라 범죄든, 정부를 속이려고 공모하는 대학들의 문제든, 이라크전을 정당화하지 못한 정보 실패에 관한 일이든, 코로나19에 관한 사안이든 간에 나는 누구에게라도 똑같은 이야기를 할 수밖에 없습니다. 따라서 나는 담담하게 '특허 관련 정보가 인류에게 매우 중요한 이야기를 전해주는 기폭제가 되었던 당시의 사실을 다시 한번 말해주는 또 다른 인터뷰를 하러 간다'고 생각했어요." (그는 2001년 의회 청문회에서 특허와 관련된 비리를 밝혔다. 그 내용은 뒤에 나온다.)

마틴 박사가 오하이에 도착했을 때 모든 준비를 마친 제작팀이 그를 기다리고 있었다. 그와 가진 인터뷰는 〈플랜데믹 1〉보다 훨씬 더 길고 자세한 내용을 담은 〈플랜데믹 2〉를 관통하는 주제가 되었다.

윌리스는 자신과 마주 보도록 놓인 의자에 마틴 박사를 앉혔다. 잠시 한담을 나누고 기술적인 점검을 마친 뒤에 마틴 박사가 이야기를 시작했다. "나는 언어유전체학 기술 개발자입니다. 커뮤니케이션의 인위적인 산물보다는 그 의도를 확정할 수 있는 최초의 플랫폼을 가리킵니다."

언어유전체학(linguistic genomics)은 인공지능(AI)과 커뮤니케이션이 발달하면서 생긴 틈새 전문 분야다. 커뮤니케이션에서 전달되는 내용의 문자를 그대로 해석하기보다 그 안에 들어 있는 의도를 파악하기 위해 등장했다. 특히 인터넷 검색 결과의 도출에서 언어유전체학이 적용된다. 시간이 흐르면서 검색이 자주 이뤄지면 알고리즘이 검색자의 의도에 초점을 맞추는 것이다.

예를 들어 '맛집'을 검색할 때 가장 먼저 나오는 결과는 맛집의 의미나 문화적인 역사가 아니다. 검색 의도가 단지 인근의 맛집을 찾는 것일 가능성이 가장 크다는 사실을 검색 엔진이 이해하기 때문이다. 또 '오스카(Oscars)'를 검색하면 '오스카'라는 이름을 가진 사람과 관련된 결과는 거의 나오지 않는다. 검색 엔진이 아카데미상에 관한 정보를 찾을 가능성이 크다는 점을 이해하고, 그 의도에 맞춰 결과를 제시하기 때문이다. '커뮤니케이션의 인위적인 산물', 즉 말과 글은 그 말과 글을 사용하는 사람의 의도와 동일하지 않을 수 있다는 뜻이다.

그보다 높은 차원에서 살펴보자면 컴퓨터는 언어유전체학을 이용해 방대한 양의 텍스트를 분석함으로써 인간이 알아보지도 이해하지도 못하는 내재된 메시지와 트렌드를 찾아낼 수 있다. 마틴 박사는 "우리는 그 기술을 국방, 첩보, 재정 등 다른 여러 분야에도 응용하고 있어요"라고 설명했다. 정상적인 인간의 이해 범위를 벗어나는 패턴을 근거로 조세 포탈 혐의를 발견하는 것이 그 예다. 마틴 박사가 설립한 회사는 국제적인 행위자가 인류 전체를 위험에 빠뜨리는 결정을 내릴 수 있는 위험 상황을 미리 찾아내는 알고리즘도 가동하고 있다. "우리는 세계 168개국에서 생물·화학 무기를 규정하는 기준선을 흐리거나 그 선을 넘는 일에 관련된 모든 개인, 모든 기관, 모든 회사를 상대로 다양한 조사를 진행합니다."

윌리스가 무엇보다 큰 관심을 가진 것은 마틴 박사의 특허 관련 조사에서 밝혀진 내용이었다. 1998년 마틴 박사는 M-CAM을 설립했다. "우리 회사의 목표는 아주 특이했어요. 은행이 특허와 저작권, 상표권 같은 무형 자산을 대출의 담보로 사용할 수 있도록 메커니즘을 제공하는 것이었죠. 우리는 특허를 담당하는 부처라면 비교적 과도한 부패가 없는, 오래되고 따분한 기관이라고 생각했어요. 하지만 알고 보니 그건 너무나 순진하고 완전히 잘못된 생각이었어요."

1998년 IBM은 미국 연방 정부와 특허 100만 건의 디지털화를 위한 계약을 체결했다. 특허 자료의 디지털화는 마틴 박사 같은 조사 전문가에게는 노다지와 같았다. 미국의 혁신 역사 전체가 다양한 관점으로 분석 가능한 데이터 세트로 전환되기 때문이었다. 그러면서 조사 전문가들이 그 데이터를 분석함으로써 새로운 발견이나 발명을 촉진할 수 있는 트렌드를 찾아내거나,

또는 제거해야 할 혁신의 장애물을 확인하는 일이 가능해졌다. 그러나 마틴 박사가 발견한 것은 그보다 훨씬 더 놀랍고도 섬뜩했다.

"미국에서 출원된 모든 특허의 약 3분의 1은 기능적인 위조였어요. 표현은 다르지만 똑같은 주제를 다룬 것이라는 뜻입니다. 예를 들면 한 회사의 특허가 만료되거나 발명자가 회사를 옮겼을 경우 다시 특허를 출원합니다. '이중 특허'로 알려진 관행이죠." 같은 프로젝트로 두 번째 특허를 내는 것은 엄연히 불법이다. 기업들이 고루한 미국 특허청의 겉모습 뒤에서 온갖 속임수를 동원하는 게 분명했다.

마틴 박사는 직원들과 함께 수많은 특허 문서의 개요만이 아니라 본문까지 다 읽었다(그렇게 하는 사람은 거의 없다). 그 결과, 과학자들과 대기업들이 미국 대중을 속이고 있을지도 모른다는 그들의 우려가 현실로 나타났다.

마틴 박사는 이렇게 말했다. "자세히 들여다보니 특허 제목이나 개요 또는 피상적인 측면과 일치하지 않는 본문의 내용이 엄청 많이 드러났어요. 예를 들면 핵 원자로에 관한 특허를 화장실 내부 설비 전문 조사관이 심사하기도 했어요. 착각이나 실수라고 생각했지만 그게 사실이었어요."

2001년 5월 마틴 박사는 특허 문서에서 자신이 발견한 내용을 미국 하원 법사위원회 산하의 법원·인터넷·지적재산 소위원회 청문회에서 선서를 한 뒤 공개했다. 당시 하워드 버먼 하원의원(캘리포니아주)은 마틴 박사의 증언을 듣고 "아주 놀랍다"라고 평했다. 린지 그레이엄(현재는 상원의원이지만 당시에는 하원의원이었다)을 비롯한 다른 의원들은 넋이 빠진 듯 귀를 기울였다.

마틴 박사가 조사한, 특허를 갖고 있는 기업들도 당연히 그의 증언을 들었다. "그 기업들은 자칫 잘못하면 큰코다칠 수 있다는 사실을 깨달았어요. 그래서 그들은 자신들이 소유한 특허를 대학에 기부하기 시작했습니다. 그리고 수억 달러의 세금 감면 혜택을 받았어요."

그 과정이 어떻게 이루어질까? 듀폰이나 몬산토 같은 기업이 대학에 특허 한 건을 기부한다. 그 기업은 해당 특허의 가치를 거의 마음대로 정한다. 예를 들어 5000만 달러라고 하면 기업은 그 5000만 달러의 '기부'를 세제 혜택을 받는 데 사용한다. 한편 대학은 정부에 한 기업으로부터 5000만 달러의 '대응 기부(matching grant)'를 받았다고 보고한다. 대학이 기업 파트너로부터 기부를 받았다는 사실을 입증하면 그에 대응하는 금액만큼 추가로 연방 보조금을 받을 수 있다는 규정을 이용하기 위해서다. 이에 따라 대학은 파우치 박사 같은 사람의 승인 아래 연방 보조금 5000만 달러를 받는다.

마틴 박사는 "펜대 하나로 국고에서 수십억 달러가 도난당하거나 갈취당했습니다"라고 설명했다. 문제는 아무도 그런 사실을 모른다는 것이다. "우리는 그 외 어떤 다른 범죄나 불법 활동이 숨어 있을지 궁금했어요. 놀라운 점은 범죄를 저지르는 조직의 대담성입니다. 그들은 누구나 볼 수 있지만 아무도 들여다볼 생각조차 하지 않을 곳에 자신들의 범죄 행위를 숨겼어요. 그런 불법 활동을 숨기기 가장 쉬운 곳이 바로 특허 분야입니다. 특허 문서의 세부 사항은 아무도 읽지 않기 때문입니다."

특허 속에 숨겨진 불법 활동에는 정부의 행위도 포함된다. 마틴 박사는 이렇게 설명했다. "예를 들어 미국 정부는 방위 목적으로만 생물학 작용제(생물 무기) 프로그램을 다룬다고 말합니다. 그런데 희한하게도 로켓포에서 발사되는 폭발 저항 병원체에 대한 미국의 특허가 눈에 띄었습니다. 그건 공격용 무기입니다."

특허를 분석하는 과정에서 마틴 박사는 우연히 결정적인 문서를 발견했다. 미국 정부와 대기업, 과학계 거물 인사, 대학들이 무슨 일을 꾸미는지 보여주는 내용이었다. 홍보 자료 이면에 숨겨진 특허 문서가 진실을 담고 있었다. 마틴 박사는 계속 진실을 파헤쳤다.

"우리의 발견을 입증할 수 있는 유일한 것이 범법자의 디지털 지문이죠. 다시 말해 출원된 특허 그 자체를 가리킵니다. 그들이 사용하는 표현을 알면 그것을 사용해 보조금의 출처를 밝히고 관련 기관이나 인물을 추적할 수 있어요.

단서를 따라가다 보면 곧 특허청, CDC, FDA, NIH, 미국 국립과학재단(NSF)이 이 거대한 공모 네트워크에 들어 있다는 사실을 알게 됩니다. 그들은 그 네트워크를 통해 공적 자금으로 기업 프로그램을 지원하거나, 또는 대부분 정부 보조금에 의존하는 대학에 엄청난 금액을 지불하고 특허를 챙깁니다. 궁극적으로 특허는 개인이나 기관의 상업적 탐욕을 상징합니다. 그들이 특허를 낸 뒤 그것을 무기로 자유 시장을 방해하기 때문이죠. 그 결과, 자유 시장을 방해함으로써 이득을 취하려는 경향이 시스템 전체를 지배하게 됩니다. 또 그런 사실에 대해 거짓말하는 것이 당연히 이득이 되죠. 아무도 감시하지 않을 때 그런 일이 벌어졌어요."

〈플랜데믹〉 조사팀은 마틴 박사를 인터뷰하기 전에 그의 배경을 철저히 조사했다. 그가 진실을 말하는 믿을 만한 사람인지, 아니면 인터넷을 이용해 가짜 뉴스를 퍼뜨리려는 괴짜 음모론자인지 판단하기 위해서였다. 조사 결과, 그가 전적으로 믿을 수 있는 사람이라는 판단이 섰다. 더구나 조사팀이 그에게 뒷조사를 했다고 밝혔을 때 그는 조금도 불쾌하게 여기지 않았다. 다른 사람 같았으면 펄펄 뛰었겠지만 그는 아직 서로 모르는 상황이라 배경을 조사하는 게 당연하다는 반응을 보였다.

"이 일을 진지하게 생각한다면 인터뷰 대상과 정보를 철저히 확인하는 게 필수적이라고 생각해요. 이렇게 터무니없는 일이 뻔뻔히 자행되었다는 사실을 사람들은 잘 믿으려 하지 않아요.

그런 일이 가능하리라고 생각하는 게 어렵기 때문이죠."

마틴 박사는 나에게 자신의 회사가 무엇보다 투자를 다룬다는 사실을 상기시켰다. 그는 "미국 증권거래위원회(SEC) 규정, 은행 관련 법, 국제 규칙 때문에 우리는 우리가 보유한 문건 전체에 대해 FBI 수준의 '관리 연속성'을 유지해야 합니다"라고 말했다. (기록학 용어 사전에 따르면, '관리 연속성'이란 기록이 생산된 이래 그것을 보유한 개인이나 기관들의 연속적 승계를 말하며, 관리의 단절이 없음을 보여주는 것은 기록의 진본성을 판정하는 중요한 기준 중 하나다 - 옮긴이) "따라서 내가 뭔가 있다고 말할 때는 그냥 예감으로 얘기하는 게 아닙니다. 나는 확실한 것만 말합니다. 하지만 대다수 사람들은 그렇지 않죠."

마틴 박사는 말을 이었다. "사람들이 나에게 '그건 믿을 수 없다'고 말할 때 나는 그들에게 이건 믿음의 문제가 아니라고 말해줍니다. 대부분 일반인이 찾기 어려운 정보에 관한 문제입니다. 예를 들어 연방 자금 1910억 달러가 NIAID를 통해 지출되었다는 사실을 안다 해도, 또 특정 액수의 자금이 중국으로, 또 NGO로 흘러갔다는 사실을 안다 해도 그 자금이 어떤 일에, 또는 어떤 목적으로 사용되었는지는 추적하기 어렵죠. 그럴 때 특허가 그 돈의 사용처를 파악할 수 있는 가장 효과적인 수단이 됩니다."

1990년대 말 그 데이터의 바다에서 이해하기 어려운 추세가 나타났다. 1999년 한 해 동안만 '코로나바이러스' 질병군과 관련된 의학적 발견에 무려 59개의 신규 특허가 승인되었다. 이 새로운 세계적인 관심은 어디서 비롯되었을까? 또 더 중요하게는 이 현상이 어디로 이어질까? 무엇보다 다음 의문이 마틴 박사의 뇌리를 떠나지 않았다. 노스캐롤라이나 대학이 2002년 인간의 폐세포를 공격하도록 특화된 재조합형 코로나바이러스를 특허 낸 이유가 무엇일까? 그것도 사스 유행이 발생하기 바로 몇 달 전에 말이다.

중국 홍콩
2003년 3월

2003년은 홍콩으로서는 매우 암울한 해였다. 2월 홍콩 정부는 영국 식민지 통치 시절 이후 보지 못했던 엄격한 반체제 인사 단속 법안을 발의했다. "중앙 정부에 대한 반역, 분리, 선동, 전복 행위의 금지"를 의도한 법안으로, 정부 관리들이 체제 반대자들을 탄압하기 위한 조치로 해석되었다. 홍콩 주민들의 격렬한 시위와 당국의 강경 진압이 반복되면서 세계의 눈이 홍콩을 향했다. 하지만 그다음에 일어난 사건은 그보다 더 끔찍했다.

3월 11일 홍콩에서 사스 첫 확진자가 발생했다. 사스는 코로나바이러스의 일종인 SARS-CoV1이 호흡기를 감염시켜 발생하는 질병이다. 그로부터 첫 3개월 동안에만 2,000명에 이르는 사스 확진자가 발생했고, 수백 명이 사망했다. 사스는 그전까지 사람에게서나 동물에게서 볼 수 없었던 완전히 새로운 감염병이었다. 국제 의학계가 곧바로 행동에 나섰다. 그러나 마틴 박사의 말에 따르면, 그것은 사람 목숨을 구하기 위한 행동인 것만은 아니었다.

마틴 박사는 이렇게 설명했다. "2003년 CDC는 아시아에서 발생한 코로나바이러스(사스) 유행에서 노다지를 캘 수 있는 가능성을 보았어요. 그들은 코로나바이러스가 쉽게 변형될 수 있는 바이러스라는 사실을 알았기 때문에 가치가 매우 높다고 판단했어요. 그리고 2003년 그 코로나바이러스에 대한 특허 출원을 추진했어요. 그 질병 자체와 바이러스, 그 바이러스의 검사와 검출 방법 등에 대한 독점권을 확보하기 위해 만전을 기했다는 뜻입니다."

AP 통신은 〈플랜데믹 2〉에서 마틴 박사가 주장한 내용과 관련해 CDC 대변인 르웰린 그랜트를 인터뷰했다. 그랜트 대변인은 2003년 4월 CDC가 코로나바이러스 특허를 출원한 것은 좋지 않은 의도를 가진 누군가가 특허를 선점하는 일을 막기 위해서였다고 말했다. "사람들이 코로나바이러스 관련 기술을 마음대로 소유하지 못하게 하는 것이 목적이었다. 이런 조치는 업계와 연구자들이 표본에 합리적으로 접근할 수 있도록 하기 위해 관행적으로 취해진다."[1]

그의 주장은 일리 있는 듯했지만 명확히 틀린 이야기였다. 과학적인 연구 결과를 학술지에 발표하면 그것은 자동적으로 공공 영역에 속하기 때문에 어느 누구도 특허를 낼 수 없다. 특허는 과학적인 연구 결과를 보호하는 것이 목적이 아니다. 특허는 독점과 상업적 이익에만 초점을 맞춘다. 더욱이 CDC가 연구 결과를 공공 영역에 두기를 그토록 원했다면 특허청에 특허 출원을 비밀로 해달라고 요청한 이유는 무엇일까?

마틴 박사에게는 그 이유가 명확했다. "우리는 앤서니 파우치와 랠프 배릭, CDC를 비롯해 코로나바이러스 관련 발명에 대한 공로를 원하는 여러 사람이 이 이야기의 중심에 있다는 사실을 알았어요. 그들은 2003년부터 2018년까지 코로나바이러스를 중심으로 한 산업 제국을 건설하는 데 필요한 현금 흐름을 100% 지배했습니다."

게다가 특허 자체도 법적으로 상당히 모호하다. 마틴 박사는 이렇게 설명했다. "미국 특허법 101조에 따르면 자연법칙, 자연현상, 자연적 생산물은 특허가 금지됩니다. 따라서 사스 코로나바이러스가 인위적으로 제조되었다면 합법적인 특허 대상이 되지만 자연적으로 발생한 것이라면 특허를 내는 일이 당연히 불법이 됩니다. 만약 인위적으로 제조되었다면 특허 출원은 합법적이지만 생물 및 화학 무기 협약과 관련 법 위반이죠. 또 자연적인 산물이라면 특허 출원 자체가 불법이고요. 아무튼 두 가지 경우 모두 불법입니다."

CDC가 코로나바이러스 특허를 출원했을 당시 전 세계의 연구소도 앞다투어 연구 결과를 특허 내려고 나섰다. 자신이 먼저 발명했다는 공로를 차지하기 위해서였다. 백신을 개발하는 콤비매트릭스의 CEO 아미트 쿠마르는 한 언론 인터뷰에서 특허를 받지 못하면 연구를 중단하겠다고 밝혔다. "특허로 보호받지 못한다면 연구에 투자하지 않겠다."[2]

그러나 이익을 노리는 특허 출원의 쇄도는 대형 제약사들이 어떻게 무리수를 쓰는지 잘 보여준다. 생명공학 기술에 반대하는 저술가로 널리 알려진 제러미 리프킨은 AP 통신에 이렇게 말했다. "화학자가 원소 주기율표를 특허 낼 수 없다. 수소에 대한 특허가 어디 있는가? 그런데 자연 현상의 발견에 어떻게 특허를 낼 수 있는지 모르겠다."[3]

그럼에도 1980년 이래 미국 정부는 살아 있는 것에 대해서도 "새로운 발견이고 현대 생활에 필요하며, 정교한 과학 기법으로 발견된 것"일 경우 특허를 허용했다. 그에 적용된 법적 논리는 사실 무리가 있었다. CDC의 특허는 "분리된 코로나바이러스 유전체, 분리된 코로나바이러스 단백질, 분리된 핵산 분자"에 해당했다.

미국 특허청의 바이오테크놀로지 담당 국장 존 돌에 따르면, CDC의 출원은 특허 조건을 충족시켰다. 그는 2003년 10월 NBC 뉴스와 가진 인터뷰에서 "현실적인 유용성이 있고 인위적인 측면이 포함되어 있어야 특허 대상이 된다"라고 밝혔다.[4] 코로나바이러스의 분리된 핵산 분자가 '인위적인 측면'에 해당한다는 판단에 따라 CDC는 2004년 특허를 승인받았다.

코로나19가 '코로나바이러스'에 의해 발생하는 질병이라고 흔히 이야기하지만 사실 이 용어는 몇 가지 임상적인 증상을 의미할 뿐이라는 사실에 주목할 필요가 있다. 또 가장 최근에 확인된 SARS CoV-2 바이러스가 코로나19의 특정 임상적 증상과 직결된다는 증거도 없다.

코로나19는 2020년이 되어서야 감염병으로 공식 선언되었다. 그러나 2020년 8월《뉴욕 포스트》는 일찍이 2012년 중국의 광산 갱도에서 박쥐 배설물을 치우던 광부들이 코로나19와 같은 증상을 보였으며, 그들을 치료한 의사가 환자의 조직 표본을 우한 바이러스 연구소에 전달했다고 보도했다.[5] 그보다 훨씬 더 일찍 과학자들에게 알려진 코로나바이러스들도 있다. 따라서 코로나바이러스는 동물의 종처럼 다양하다.

코로나바이러스와 관련된 첫 특허는 선의로 출원되고 승인되었을지 모르지만 사실 그것은 시작에 불과했다. 마틴 박사는 이렇게 설명했다. "그들은 바이러스만이 아니라 검출 방법과 검사 키트까지 전부 특허를 출원했어요. CDC는 그 특허를 통해 코로나바이러스에 대한 독립적인 연구를 선별 승인할 권한을 가졌습니다. CDC의 승인이 없으면 코로나바이러스를 관찰할 수도 없고, 양을 측정할 수도 없으며, 검사 키트도 개발할 수 없어요. 그들은 코로나바이러스 연구를 통제하는 특허를 얻어냄으로써 병원체인 그 바이러스를 황금알 낳는 거위로 바꿀 수 있는 수단과 동기를 확보했고, 무엇보다 거기서 막대한 이익을 얻었습니다."

신종 코로나바이러스로부터 우리를 보호할 책임은 누구에게 있는가? 그 바이러스가 팬데믹이 될 경우 수십억 달러를 거머쥘 그 사람들에게 있지 않은가? 따라서 관련자들이 개인적인, 금전적인 이득만을 위해 처신했을 가능성이 분명히 있다.

물론 이를 달리 해석할 수도 있다. 예를 들어 CDC, NIH, 대형 제약사 그리고 수많은 기관들의 종사자와 관련자 대다수는 생명을 구하는 일에 진정으로 몰두한다. 대부분의 의학계 종사자도 마찬가지다. 그들은 히포크라테스 선서를 위반하느니 차라리 죽음을 택할 것이다.

그럼에도 이 이야기의 요점은 팬데믹 상황을 모니터링하고 그와 관련된 문제를 해결하는 일에 관련된 거의 모든 사람이 단지 운전대를 잡았다는 사실 때문에 큰돈을 거머쥘 수 있다는 사실이다. 따라서 이해 충돌을 올바로 인식하는 것이 중요하다. 특히 그다음에 일어난 일들을 자세히 살펴보면 그 필요성이 절실하다는 것을 알 수 있다.

마틴 박사는 이렇게 설명했다. "2012년과 2013년 사이에 무슨 일이 일어났어요. 하버드, 에모리, 노스캐롤라이나(채플힐) 같은 대학의 연구를 지원하던 NIH의 연방 보조금이 갑자기 대폭 삭감되었어요. NIH가 잠시 정신이 맑아진 듯 '우리가 하고 있는 일이 문제가 있다'고 생각한 거죠." 곧이어 2014년 NIH는 코로나바이러스에 대한 '기능 획득(gain-of-function)' 연구의 중단을 선언했다.

기능 획득 연구란 질병의 감염성을 증가시키는 연구를 의미한다. 이 연구는 주로 특정 질병이 인간에게 어떻게 전파되는지, 또 어떻게 치료할 수 있는지를 밝히는 데 필요하다. 특정 병원체가 가장 기본적인 차원에서 동물이나 사람의 세포에 침투할 만큼 강하지 못할 때 과학자들은 먼저 그 병원체가 감염 기능을 획득하도록 '학습시켜' 감염성을 높인 뒤 어떻게 동물이나 사람의 세포에 침투할 수 있는지를 연구한다.

그러나 기능 획득 연구에는 상당한 위험이 따른다. 과학자들이 인체를 감염시키도록 만든 바이러스가 외부로 유출되면 걷잡을 수 없는 상황이 벌어진다. 엄격한 안전 수칙을 시행하더라도 실험실에서 수칙을 무시하는 일이 자주 일어나면서 위험이 상존하는 것이 엄연한 현실이다.

당시 프랜시스 콜린스 NIH 원장은 다음과 같은 성명을 발표했다. "NIH가 기능 획득 연구를 지원한 것은 인간과 병원체 사이의 상호 작용의 기본적인 성격을 규정하는 데 도움이 되며, 새롭게 등장하는 감염 병원체의 팬데믹 잠재력을 측정하고, 대중이 이에 대비할 수 있는 정보를 제공하기 때문이다. 그러나 이런 연구는 생물 안전과 생물 보안의 위험도 수반한다. 우리에게는 이 위험에 대한 더 깊은 이해가 필요하다. NIH는 생물 보안을 위한 국립과학자문위원회(NSABB), 국립과학원 국가연구위원회의 조언과 자문을 거치고 백악관이 정한 엄격하고 폭넓은 검증 절차가 완성될 때까지 이 연구의 지원을 중단할 것이다."[6]

하지만 성명의 다음 부분이 새로운 문제를 촉발했다. "그때까지 NIH는 기능 획득 연구가 포함된 프로젝트에는 보조금을 지급하지 않을 것이다. 현재 이런 종류의 연구를 수행하고 있다면 정부가 최종 결정을 내릴 때까지 자발적으로 중지할 것을 권고한다. 새로운 정책이 시행되려면 수년이 걸릴 수 있다."

그렇다면 미국에서 연구가 중지되는 동안 연구자들은 어떻게 할까? 마틴 박사는 이렇게 설명했다. "연구를 외주로 넘기면 됩니다. 미국 안에서 진행될 경우 도덕성과 적법성에 문제가 생길 수 있다고 생각되는 연구를 예를 들어 우한 바이러스 연구소에 맡겨 그곳에서 진행하도록 재정적인 지원을 하는 방식이죠. 물론 직접 그렇게 하지는 않습니다. 마치 미국 국내의 다른 프로젝트를 지원하는 것처럼 보이도록 하려고 위장 조직 여럿을 통해 자금을 흘려보냅니다. 그러면 그 조직이 우회적으로 우한 바이러스 연구소에 하청을 주는 방식이죠."

2020년 4월 시사 주간지 《뉴스위크》는 이렇게 보도했다. "NIH는 박쥐 코로나바이러스 연구 지원 명목으로 에코헬스 얼라이언스에 2014년부터 2019년까지 740만 달러를 제공했다. 이 프로젝트는 앤서니 파우치 NIAID 소장이 지지했다. 에코헬스 얼라이언스가 받은 보조금 중 많은 금액이 우한 바이러스 연구소로 들어갔다. 기능 획득 연구 지원도 거기에 포함되었다. 이 연구소는 미국 국제개발처(USAID)가 자금을 대는 'PREDICT' 프로그램에서도 수백만 달러를 받았다. USAID는 NIH와 긴밀하게 협력하는 기관이다."[7]

왜 미국 납세자들의 돈이 중국의 연구소로 흘러들어갔을까? 무엇보다 NIAID를 이끄는 파우치 박사의 고집 때문이었다. 그는 미국 국내의 기능 획득 연구 금지령에도 불구하고 그 연구가 지속되기를 강력히 희망했다. 그는 일찍이 2011년 《워싱턴 포스트》 기고문에서 자신이 수행하고 있는 조류 인플루엔자 기능 획득 연구의 중요성을 역설하여 파문을 일으킨 바 있다.

파우치는 두 명의 공동 저자와 함께 2011년 12월 30일자 《워싱턴 포스트》에 기고한 글에서 이렇게 주장했다. "바이러스의 분자적 아킬레스건을 규명하면 과학자들은 감염에 취약한 사람들을 보호하고, 감염된 환자들의 치료를 개선하는 새로운 항바이러스제 표적을 확인할 수 있다. 수십 년의 경험에 따르면, 생물의학적 연구를 통해 얻은 정보를 적법한 과학자와 보건 관리들에게 전달하면 효과적인 대책을 마련하고 궁극적으로 공중 보건을 증진할 수 있는 중요한 기초를 다질 수 있다."[8]

오바마 정부는 파우치의 견해에 동의하지 않았다. 결국 2014년 기능 획득 연구 금지령이 내려지면서 이에 관한 논란은 사실상 종지부를 찍었다. 그러나 2017년 트럼프 대통령이 취임하자 NIH는 곧바로 금지령을 해제함으로써 미국 국내의 기능 획득 연구에 불을 지폈다. 그러나 한 가지 단서가 붙었다. 비공개 전문가 심사단이 위험과 잠재적인 혜택을 비교하고 판단한 뒤에 연구 진행 여부를 승인하겠다는 것이었다.

전 세계의 과학자들은 그런 민감한 결정이 밀실에서 내려진다는 사실에 격분했다. 특히 두 건의 위험한 인플루엔자 연구(파우치의 최대 관심 분야다)가 승인되었다는 사실이 밝혀지면서 NIH는 더욱 의심을 샀다. 2019년 초, 존스홉킨스 대학의 톰 잉글레스비 박사와 하버드 대학의 마크 립시치 교수는 다시 불붙은 기능 획득 연구에 경종을 울리며 NIH 정책을 신랄하게 비판하는 글을 《워싱턴 포스트》에 기고했다. 그들이 지적한 내용의 요지는 이렇다. "우리는 기능 획득 연구가 결코 허용되어서는 안 된다고 생각한다. 밀실에서 심사가 이루어지기 때문에 우리 가운데 누구도 정부가 어떻게 이런 결정을 내렸는지 알 수 없을뿐더러 심사 과정의 엄격성과 공정성도 담보할 수 없다."[9]

마틴 박사에 따르면, 파우치 박사와 기능 획득 연구 옹호론자들에게는 중국이 비밀을 보장할 수 있는 최상의 밀실이었다. 조사 결과 우한 바이러스 연구소에서 여러 건의 생물 안전 사고가 있었다는 사실이 밝혀졌지만 그런 위험도 큰 문제가 아니라는 듯 수백만 달러의 연구 지원금이 계속 중국으로 흘러들어갔다.

아울러 기능 획득 연구의 중국 외주는 NIH 지도부의 평판이 나빠질 위험도 최소화할 수 있는 방법이었다. 예를 들어 생물 안전과 관련된 중대 사고가 발생하면 "미국은 '중국 탓'으로 돌릴 수 있고, 또 중국은 '미국 탓'이라며 서로 책임을 떠넘길 수 있어요"라고 마틴 박사는 〈플랜데믹 2〉에서 말했다. "사실 양쪽 다 옳은 얘기입니다. 함께 일을 저질렀기 때문이죠."

제5장
여론 조작의 거대한 음모

이 세상에서 언론만큼 힘이 센 것은 없다. 언론은 무고한 사람을 죄인으로 만들고, 죄인을 결백하게 만들 수 있다. 그 힘은 대중의 마음을 조종할 수 있는 데서 나온다. ― 맬컴 X

미국

2020년 3월

현대 생활은 정신을 차리기 어려울 정도로 빨리 돌아간다. 또 정보의 폭탄이 언제 어디서든 우리를 표적 삼아 쏟아진다. 우리의 삶을 좌우하는 사건과 사람, 정책 또는 결정을 충분히 이해하고 판단하기가 불가능할 정도다.

그런 상황에서 우리는 무엇이 옳고 무엇이 그른지 파악할 수 있는 균형 잡힌 시각을 얻기 위해 가능한 한 많은 매체를 접하려고 애쓴다. 하나의 기사가 여러 매체에 등장하면 그 기사는 진실이라고 우리는 생각한다. 그러나 과연 그럴까? 천만에. 전혀 그렇지 않다. 언론에 등장하는 전문가는 많지만 그들 대다수는 누군가가 써준 똑같은 각본을 그대로 읽는다. 더 큰 문제는 '그 각본을 누가 써주는가?'이다. 플라톤은 "이야기를 풀어내는 자들이 사회를 지배한다"라고 말했다.

2013년 미국 국방수권법(NDAA) 수정안이 오바마 대통령의 서명으로 발효되었다. 거기에는 다른 조항도 많지만 내국인 대상의 정부 선전 보도 금지를 해제하는 내용이 포함되어 있었다. 원래는 정부가 지원하는 매체를 대상으로 한 법이지만 국내에서 선전 보도가 가능해지면서 그 빈틈을 이용해 민간 언론도 국민을 상대로 선전 보도를 할 수 있는 여지가 생겼다.

미국 의학연구소는 2015년 3월 26~27일 워싱턴 DC에서 새롭게 등장하는 위협에 대비하는 신속하고 민첩한 '의학적 대응책(MCM)'을 논의하는 워크숍을 열었다. 그 행사에서 NIAID의 외부 재정 지원을 중개하는 에코헬스 얼라이언스의 피터 다작 대표는 백신 개발의 재정적 지원에 대한 대중의 지지가 없다고 개탄했다. 그는 인구 전체의 백신 접종을 위한 대중의 지지를 끌어내는 대대적인 홍보와 선전 캠페인이 필요하다고 강조했다. "위기를 초월한 상시적인 재정 지원의 기조를 유지하려면 모든 종류의 인플루엔자나 코로나바이러스를 동시에 막아주는 백신 같은 의학적 대응책이 필요하다는 사실에 대한 대중의 인식을 제고할 필요가 있다. 언론이 앞장서야 한다. 언론의 대대적인 홍보가 이루어지면 재정은 저절로 따라오게 된다. 우리는 현실적인 문제 해결을 위해 이 같은 홍보를 최대한 활용해야 한다. 이익이 크다고 판단하면 투자자가 반응할 것이다."[1]

미국인 대다수에게는 정보의 고속도로에 진입하는 차선이 구글이다. 그 차선으로 들어가지 않고서는 정보를 찾기가 거의 불가능하다. 바로 그런 사실 때문에, 그리고 구글의 창업 구호가 '나쁜 짓을 하지 말자(Don't Be Evil)'이기 때문에, 우리는 순진하게도 구글이 편파성 없는 인터넷 플랫폼이라고 생각한다. 하지만 정말 그럴까? 천만에. 전혀 그렇지 않다. 구글은 현재 미국에서 전체 온라인 검색의 90% 이상을 차지한다. 2019년 구글의 광고 수입은 1390억 달러 이상이었다. 구글은 그 힘을 몽둥이처럼 휘두른다. 그 몽둥이에 때로는 사람이 다친다.

하버드 대학에서 박사 학위를 받고 심리학 전문 잡지 《사이콜로지 투데이》의 편집장을 지낸 로버트 엡스타인은 구글 반대 운동에 뛰어들었다. 자신의 홈페이지가 악성 소프트웨어를 담고 있다는 구글의 황당한 경고를 받은 경험이 그 계기였다. 그는

2013년 시사 주간지 《타임》에 기고한 글에서 IT 거대 기업인 구글이 '사용자를 근본적으로 기만하는 사업 모델'로 운영되고 있다며 질타했다. 또 2015년에는 구글이 다른 IT 기업들과 공모해 2016년 미국 대선을 조작할 가능성이 있다고 주장했다.

2019년 7월 엡스타인 박사는 의회의 한 청문회에서 또다시 IT 기업의 선거 조작 가능성에 관해 증언했다. 엡스타인 박사의 주장을 듣고 테드 크루즈 상원의원은 경악한 표정으로 이렇게 말했다. "당신은 이 위원회 앞에서 선서하고 증언했다. 당신은 구글과 페이스북, 트위터 등 거대 IT 기업들이 오는 선거에서 1500만 표를 조작할 수 있다고 말했다."[2]

엡스타인 박사는 고개를 끄덕이며 이렇게 덧붙였다. "게다가 그들이 사용하는 수법은 눈에 보이지 않는다. 우리가 알지 못하는 사이에 이뤄진다. 행동과학 분야에서 내가 본 어떤 수단보다 효과가 더 크다. 내가 행동과학에 몸담은 지 거의 40년이 되었지만 이런 경우는 처음 봤다."[3]

엡스타인 박사는 이 수법을 '검색 엔진 조작 효과(Search Engine Manipulation Effect)'라고 불렀는데, 검색 결과에서 한 후보를 다른 후보보다 유리하도록 만드는 조작 기법을 가리킨다. 《미국 국립 과학원 회보(PNAS)》에 실린 논문에서 엡스타인 박사는 이런 수법을 사용하면 표심을 결정하지 못한 유권자의 최대 80%가 검색 결과에서 유리하게 표출된 후보를 지지하도록 유도할 수 있다고 결론지었다. 더구나 그 유권자들은 자신이 마음을 바꾼 이유도 모를 가능성이 크다.

여기서 중요한 점은 엡스타인 박사가 구글이 선거를 조작했다거나 조작할 것이라고 말하지 않았다는 사실이다. 요점은 그들에겐 그럴 능력이 있으며, 사람들이 그 사실을 알아야 한다는 것이다. 그는 온라인 매체 '허핑턴포스트'에 기고한 글에서 "그런 능력이 있으며, 그런 힘이 존재하는 한 구글은 정부의 민주주의 체제에 심각한 위협을 제기한다"라고 지적했다. "전 세계의 선거에서 구글 임원들은 인류 역사를 통해 어떤 소규모 집단이 가졌던 것보다 훨씬 더 큰 힘을 갖고 있다."[4]

2021년 2월 시사 주간지 《타임》의 몰리 볼 기자가 쓴 충격적인 고백 기사는 그런 세력들이 2020년 미국 대선의 결과에 영향을 미치기 위해 어떻게 공모했는지 자세히 알려준다.

　　막후에서 음모가 펼쳐졌다. 시위를 억제하고 CEO들의 저항을 조직화하는 음모였다. 그 놀라운 사건들은 좌익 운동가들과 대기업의 비공식적인 연합의 결과였다. (……) 그들의 활동이 선거의 모든 면에 영향을 미쳤다. 그들은 주 정부가 투표 방식과 법을 바꾸도록 유도했으며, 공적 자금과 민간 자금 수억 달러를 확보하도록 도왔다. 그들은 '유권자 억압(voter suppression, 투표 참여를 억제하거나 방해하는 행위)'

관련 소송을 막아냈고, 많은 투표소 봉사자들을 모집했으며, 미국 역사 최초로 유권자 수백만 명이 우편 투표를 하도록 했다. (……) 하지만 이런 일이 우연히 일어나지 않았다는 사실을 모든 국민이 아는 것이 매우 중요하다. (……) 그 일에 참여했던 사람들이 2020 선거의 은밀한 역사가 밝혀지기를 원하는 이유가 바로 그것이다. 모든 업계와 모든 이념을 아우르는 유력 인사들이 풍부한 자금 지원을 받고 벌인 이 음모는 편집증에 시달리는 사람이 열병 속에서 꾼 꿈 이야기처럼 들리겠지만 그들은 막후에서 서로 협력하며 유권자들의 인식에 영향을 미치고, 규정과 법을 바꾸었으며, 언론 보도를 조종하고, 정보의 흐름을 통제했다. 그들은 선거를 조작한 게 아니라 '강화'했다.[5]

사실 인류 역사의 방향을 돌리는 데는 사회에 불만을 품은 구글 직원 단 한 명으로도 충분할 수 있다. 하지만 몇 년에 걸쳐 그런 사람들이 다수 나왔다.

2012년 구글의 엔지니어였던 마리우스 밀너는 구글 스트리트 뷰 카가 구글 지도를 만들기 위한 사진을 찍으며 거리를 주행할 때 주변 와이파이 네트워크의 데이터를 수집하도록 프로그램을 만든 것으로 드러났다. 《뉴욕 타임스》는 "2007년부터 2010년까지 그런 데이터 수집이 이루어졌다"라고 보도했다.[6] 구글은 벌금을 부과받았고, 이 문제와 관련해 법정 공방이 잇따랐다.

또 같은 해 구글의 한 엔지니어가 애플의 웹브라우저인 사파리 네트워크를 해킹해 구글이 애플의 승인 없이 그 브라우저에 광고를 실을 수 있도록 한 사실이 밝혀졌다. 그 일로 구글은 2250만 달러의 벌금을 물었다.

엡스타인 박사는 미국의 민주주의가 위기에 처한 상황에서 구글의 그런 실수를 허용해서는 안 된다고 지적했다. 그러나 구글이 직원의 개입을 완전히 배제하더라도 알고리즘 자체가 검색 결과를 왜곡할 능력을 갖고 있다. 게다가 노골적인 검열도 있다. 블랙리스트를 말한다. 엡스타인 박사는 구글의 내부 고발자, 해커 등의 도움을 받아 여러 가지 서로 다른 버전의 '블랙리스트'를 확인했다.

예를 들어 구글의 서비스 약관을 위반한 사용자의 계정이 블랙리스트에 오를 수 있다. 많은 사용자들이 "내가 그랬을 리가?" 하며 놀라겠지만 문제는 그렇게 단순하지 않다.

첫째, 사용자 대다수는 약관 내용이 무엇인지 읽지도 않는다. 따라서 자신도 모르게 명백한 위반을 범할 수 있다.

둘째, 사용자의 계정이 갑자기 차단될 경우 그 이유를 알아내기가 매우 어렵다. 구글은 고객 서비스를 받기 힘든 것으로 유명하다. 그들이 일부러 시간을 내어 계정 폐쇄 결정을 자세히 설명해줄 가능성은 희박하다.

소규모 사업자에게 이런 일이 일어나면 사업에 엄청난 피해가 발생하고 심한 경우에는 사업장 문을 닫아야 할 수도 있다. 인터넷의 '시베리아'로 추방되는 상황은 개인 홈페이지에서도 발생한다. 그 결과는 마찬가지로 파괴적이다. 만약 당신의 홈페이지가 엄격하게 관리되는 구글의 지침을 위반하고 있다는 사실을 구글 로봇이 발견하면 당신의 홈페이지는 검색 결과에서 서너 페이지 뒤로 밀리거나 완전히 사라지기도 한다.

구글의 촉수는 검색 플랫폼을 넘어 구글 제품 전체까지 뻗쳐 있다. 특히 구글이 소유한 유튜브는 검열로 악명이 높다. 유튜브는 콘텐트가 너무 방대하기 때문에 구글이 각 동영상 하나하나를 검토하기가 불가능하다. 그래서 검열은 뷰어(조회자)로부터 시작된다. 그들은 뷰어에게 부적절하다고 생각되는 동영상을 보면 태그하라고 요청한다. 그렇게 태그된 동영상을 구글 직원들이 검토한 뒤 비공개 지침에 따라 벌칙을 부과한다.

윌리스는 〈플랜데믹 2〉를 제작하기 위해 구글의 내부 고발자 재크 보리스를 인터뷰했다. 보리스는 구글의 엔지니어로 일하면서 비밀 블랙리스트를 직접 본 적이 있다고 말했다. "구글은 블랙리스트가 없다고 주장한다. 그들은 선서를 하고 증언하는 청문회에서 그렇게 단언했다. 하지만 나는 엔지니어로서 구글의 내부 검색 엔진으로 검색하면서 놀라운 사실을 발견했다. '암 치료제' 같은 검색어가 블랙리스트에 올라 있었다. 사람들이 검색

할 수 있는 것과 없는 것을 왜 구글이 정하는가?"

구글이 맹목적으로 신뢰받는다면 몇몇 다른 사이트들은 자화자찬하는 판촉 홍보의 결과로 신뢰받는다. 그들은 스스로 '불편부당'한 사이트 또는 '팩트체킹(사실 관계 확인 전문)' 사이트로 홍보한다. 하지만 실상은 전혀 다르다.

그런 사이트 중 하나가 데이비드와 바버라 미켈슨 부부가 1995년에 만든 스놉스(Snopes.com)다. 그들 부부는 저널리즘 배경이 전혀 없는 상태에서 구글을 주된 검증 수단으로, 구글 광고를 주된 수입원으로 삼아 팩트체킹 제국을 건설했다.

미켈슨 부부는 2015년 이혼했다. 바버라는 전남편 데이비드가 매춘부들과 어울리고, 라스베이거스에서 에스코트로 일한 새 아내와 호화판 신혼여행을 가는 데 회사 공금을 썼다고 주장하며 횡령 혐의로 고소했다. 그리고 2017년에는 데이비드 미켈슨의 새로운 사업 파트너들이 사기와 횡령 등의 혐의로 그를 고소했다.[7] 일반적으로 그런 일은 개인의 사생활에 속한다. 하지만 미켈슨은 "무엇이 진실이고 무엇이 허위인지 구별하는 인터넷 최고의 웹사이트"를 자처하는 업체의 소유자이기 때문에 그런 정보는 공공의 관심사가 될 수밖에 없다.

그런 추문에도 사람들은 여전히 그 사이트의 윤리성을 신뢰하고 불편부당한 뉴스의 출처로 생각한다. 그러나 단 한 가지 예만 보아도 그런 신뢰가 얼마나 근거 없는지 알 수 있다.

최고로 알려진 팩트체킹 사이트가 완전히 헛다리를 짚은 수많은 예가 있지만 그중 하나만 소개하겠다. 2019년 1월 말 스놉스는 폴리티팩트(PolitiFact), 팩트체크(factcheck.org)와 함께 코로나바이러스와 그 치료제가 특허를 받았다는 것이 허위라고 결론 내렸다. 그러나 그들은 열람이 가능한 특허 4,452건 중 겨우 3건만 검토했을 뿐이다. 대다수 문서들이 사스 코로나바이러스 검출법과 치료제가 공공 및 민간 부문 둘 다에서 널리 특허를 받았다는 사실을 명확히 보여주는데도 말이다.

대개 '독립적'이라고 하는 팩트체킹 사이트들은 독립적이지도 않을뿐더러, '팩트'에 기반을 두지도 않는다. 그들 역시 금전적인 이해 충돌, 정치적 편향, 권위주의적인 집단 사고에 주류 언론만큼이나 매우 취약하다. 한마디로 요약하면, 그들은 정치적인 여론몰이 기관이다.

이쯤에서 다시 한번 강조하지만, 지금 내가 말하는 것은 상대주의자의 세계관이 아니다. 이 세계에는 엄연히 진실과 팩트가 있다. 우리 모두는 그것을 추구해야 한다. 그러나 매일 아침 우리가 눈을 뜨는 순간부터 우리의 현실 경험은 누군가에 의해 조종된다. 그 점을 명확히 인식하는 것이 중요하다. 따라서 그것이 언론이든, 정부든, 주치의든 간에 우리는 우리의 인식과 믿음을 조종하려고 애쓰는 세력들을 끊임없이 경계해야 한다. 그러려면 그 세력들이 누구인지 알아야 한다. 또 무엇이 옳고 무엇이 틀렸는지 우리가 판단하는 데 그들이 영향을 미친다는 사실을 인식해야 한다.

지금까지 미국 의학계는 국민들을 오도하고, 그 잘못을 은폐한 경우가 적지 않았다. 정부도 그 일에 적극 가담했다. 의학계와 정부는 국민들의 높은 신뢰를 받는다. 그럴 수밖에 없는 것이 우리가 삶과 생명을 지키기 위해서는 그들에게 기대야 하기 때문이다. 하지만 그런 맹목적인 신뢰는 결코 타당하지 않다. 의사들이 정치인들과 한통속이 되어 국민들에게 거짓말한 사례가 수없이 많기 때문이다.

그런 사실을 실시간으로 지적하면 신성 모독으로 취급받는다. 대담하게 목소리를 내는 사람들은 흔히 조롱당하고, 외면당하며, 재갈 물림을 당한다. 그러다가 시간이 흐른 뒤에는 진실이 드러난다. 하지만 진실이 드러나기까지 오랜 세월이 걸릴 수 있다. 할리우드가 이런 이야기를 영화나 드라마로 만들면 세계가 넋을 빼앗기고 감동하는 동시에 진실을 감춘 세력을 향해 공분을 표한다. 우리는 집단으로 이렇게 묻는다. "도대체 어떻게 이런 일이 벌어질 수 있는가?" 또 우리는 이렇게 스스로를 위로한다. "하나의 사회로서 지금 우리는 그때보다 크게 발전했다." 〈달라스 바이어스 클럽〉부터 〈에린 브로코비치〉, 〈다크 워터스〉, 〈스포트라이트〉 등등까지 그런 사례를 다룬 영화의 목록은 끝이 없다. 진실이 우리를 둘러싸고 있을 때는 그것을 의식하거나 받아들이기가 어려울 수 있다. 시간이 흘러야 우리의 시각에 균형 감각이 생기고 그 정보를 처리할 기회가 생긴다.

코로나19 팬데믹의 경우도 마찬가지다. 지금 우리는 급류의 한가운데 있다. 바위를 피하고 물에 가라앉지 않으려고 필사적으로 애쓴다. 잔잔한 물에 도달한 뒤에야 비로소 우리는 정신을 차리고 뒤돌아보며 어떻게 여기까지 오게 되었는지 이해할 수 있을 것이다. 우리는 그전에도 이런 일을 겪었다. 그것도 한두 번이 아니다. 그중에서도 담배의 유해성을 둘러싼 논란이 가장 뚜렷한 기억으로 남아 있지만 사실 그뿐이 아니다.

에이전트 오렌지(베트남전에 사용된 고엽제)가 그랬다. 또 DDT는 어떤가? DDT는 수년 동안 무해한 가정용품으로 홍보되었다. CDC가 나서서 미국 국민들에게 집 안에서 DDT를 사용하라며 권장하기까지 했다. 광고는 DDT가 사람과 동물에게 "아무런 해가 없다"라고 주장했다. 그러다가 세월이 한참 지난 뒤에야 DDT의 진실이 밝혀졌다. 비록 시간이 오래 걸렸지만 결국 우리는 DDT의 무시무시한 부작용을 알게 되었다. CDC는 무해성을 강조한 예전의 공표를 번복하고, DDT가 암을 유발할 수 있다고 경고했다. DDT는 1972년 사용이 금지되었다.

1976년에는 돼지 인플루엔자 소동이 벌어졌다. 그해 겨울, 돼지 인플루엔자가 뉴저지주 포트 딕스 기지를 강타했을 때 일각에선 이 질병이 1918년에 대유행했던 인플루엔자(흔히 '스페인 독감'으로 알려졌다)와 비슷한 팬데믹으로 발전할 수도 있다는 우려가 나왔다. 제럴드 포드 대통령은 서둘러 전 국민 백신 접종 계획을 발표했다.

포드 대통령은 1976년 3월 백악관에서 "미국의 모든 남성과 여성, 어린이에게 백신을 접종하도록 하겠다"라고 다짐했다. 다음 달 그는 '전미 돼지 인플루엔자 예방 프로그램'을 위한 긴급법을 발효하고 대대적인 홍보 캠페인을 벌이기 시작했다. 저명인사들과 정부 관리들이 카메라 앞에서 백신 주사를 맞으며 국민들의 접종을 독려했다(이번에도 우리는 그런 TV 장면을 수없이 보지 않았는가?)

당시에는 그것이 올바른 대응책인지 어느 누구도 따지지 않았다. 1년이 채 걸리지 않아 4500만 명(당시 미국 인구의 약 25%)이 돼지 인플루엔자 백신을 접종받았다. 그러는 사이에 우려할 만한 부작용이 나타났다. 백신 접종을 받은 사람들이 앓기 시작했다. 그중 대다수는 실제 돼지 인플루엔자에 감염된 환자보다 더 심한 증상을 보였다. 곧 백신이 질병 자체보다 더 해롭다는 사실이 명확해졌다.

믿기 어려운 일이지만 돼지 인플루엔자에 의한 사망자가 단두 명 나온 것이 이 프로그램을 촉발시킨 계기가 되었다. 둘 다 같은 기지에서 근무했고, 한 명은 기저 질환이 있었다.

얼마 안 가 돼지 인플루엔자는 거의 사라졌지만 백신 부작용의 여파는 오래갔다. 젊은이 450명 이상이 이 백신과 관련된 신경계 마비 질병인 길랭·바레 증후군 진단을 받았다. CDC 관리들은 이 백신이 신경계 부작용을 일으킬 수 있다는 사실을 이미 알고 있었다고 나중에 인정했지만 백신 접종을 독려할 때는 국민들에게 그런 사실을 밝히지 않았다.

그로부터 약 20년 전에는 널리 사용되던 소아마비 백신이 살아 있는 바이러스로 잘못 생산되는 바람에 어린이 4만 명이 소아마비 바이러스로 고통을 겪었고, 200명이 마비 환자가 되었으며, 10명이 사망했다. 이 백신 접종 역시 CDC의 감독 아래 실시되었다.

마틴 박사는 〈플랜데믹 2〉에서 "그 CDC가 지금도 우리의 공중 보건을 책임지고 있다고 주장하는 바로 그 CDC입니다"라며 꼬집었다.

의학계는 원래 자신의 잘못을 좀처럼 인정하지 않는다. 마찬가지로 언론도 자신의 오보에 대한 정정 기사를 내는 데 매우 인색하다. 그들은 잘못을 인정하는 기사를 내기보다는 아무런 설명 없이 갑자기 내용을 바꾼 새로운 기사를 내놓는다. 과거의 기사는 아예 존재하지 않는 것처럼 말이다. 수십 건의 새로운 기사가 온라인에 오르면서 과거의 기사들은 뒤로 밀려난다. 결국 예전에 그런 기사가 있었다는 증거조차 찾기 어려워진다. 그런 다음 그들은 과거의 기사 내용을 그대로 전하는 사람들의 입을 막고 그들을 비방한다. 저널리즘 윤리를 무시하는 처사다.

마틴 박사는 이렇게 설명했다. "모든 온라인 매체는 증거가 잘 드러나지 않게 묻고 검색 결과 순위를 다시 조정해요. 지금 마스크 착용이나 사회적 거리 두기에 관한 연구 결과를 검색하면 과거에 검색 순위 1위, 2위, 3위에 올랐던 논문들을 찾아볼 수 없어요. 그 대신 현재 지배적으로 공유되는 내용을 뒷받침하는 제목의 논문들이 올라옵니다."

정부가 강압적으로 국민의 자유를 제한하는 상황에서 대통령보다 더 강한 힘을 가진 부류의 사람들이 등장했다. 과거 '강도 귀족(robber barons)'으로 불리던 악덕 자본가들이다. 19세기 말 몇몇 약삭빠르고 수완 좋은 사업가들이 석유와 철강 등 천연자원에 투자하여 상상을 초월하는 거부가 되었다. 그들은 무자비한 사업 관행과 시장을 독점하려는 욕심으로도 악명이 높았다.

그중 한 명이 존 D. 록펠러였다. 20세기 초 록펠러는 미국의 석유 매장량 중 약 90%를 장악했다. 그 덕분에 그는 당시 최고 거부에 올랐고, 지금까지도 미국 사상 최고의 부자로 꼽힌다.

록펠러는 미국의 석유 거의 전부를 손에 넣자 자신의 부를 더 불리기 위한 다른 방법을 찾기 시작했다. 그는 곧 한 가지 묘안을 떠올렸다. 석유를 바탕으로 한 새로운 상품을 만들어 석유의 수요를 더욱 늘리는 것이었다. 그가 발견한 가장 큰 시장은 의약품 부문이었다.

당시 '석탄 기름'으로 불리기도 한 등유는 소독제만이 아니라 다용도 의약품으로 쓰였다. 찰과상과 자상, 류머티즘, 인후염 등 다양한 증상에 등유 사용이 권고되었다. 《미국의학협회지》가 일부 환자에게서 물집 등의 부작용이 나타났다고 지적했지만 록펠러가 설립한 스탠더드 오일은 등유 제품을 계속 판촉했다.

록펠러의 사업 방식은 전례 없이 다면적이고 공격적이었다. 스탠더드 오일이 등장하기 전에는 미국인들이 질병 치료를 거의 대부분 자연 물질에 의존했다. 록펠러는 등유 제품을 의약품으로 팔기 위해 질병 관리를 자연 약품 모델에서 합성 의약품 모델로 전환하고자 했다. 하지만 기발한 광고만으로는 자연 약품에 대한 미국인의 의존도를 낮추기엔 역부족이었다.

그러자 록펠러는 경쟁에서 우위를 차지하기 위해 자연 약품을 파는 대형 약국을 인수한 뒤 '록펠러 의약품'만 팔도록 강요했다. 게다가 막대한 자금 동원력을 이용하여 의약품 가격을 대폭 낮춤으로써 소규모 약국들이 영업을 할 수 없도록 만들었다.

그런 다음 록펠러는 눈에 띄는 신문사를 모두 사들인 후 기사를 통해 자신의 새로운 의약품을 극찬하도록 지시했다.

또 그는 록펠러 의학연구소를 설립하고, 동생을 소장으로 앉혔다. 동생의 임무는 모든 자연 물질(따라서 특허를 낼 수 없고 수익성이 낮다) 약품을 몰아내고, 석유를 재료로 만든 약품의 새로운 시장을 만드는 것이었다.

다른 한편으로 록펠러 자신은 수억 달러를 쏟아부어 미국에서 가장 미움받는 악덕 자본가에서 자애로운 자선 사업가로 변신함으로써 자신의 이미지를 개조했다.

1910년 록펠러는 교육 전문가이자 의사인 에이브러햄 플렉스너를 고용해 미국 전역의 의과대학을 돌아본 뒤 현황을 보고하도록 했다. 그 결과물이 카네기 재단이 발표한 '미국과 캐나다의 의학 교육'이었다. 미국의 의료와 의학 교육 현황을 분석한 보고서였다. 의사가 너무 많고, 의과대학이 너무 많으며, 자연의학 기법('돌팔이 의료'로 지목했다)이 너무 많다는 혹독한 비판이 주된 내용이었다.

이 보고서에 따라 록펠러가 지원하는 학교의 경쟁 상대였던 소규모 영리 의과대학 다수가 문을 닫았다. 그 결과, 1910년부터 1944년 사이 미국의 의과대학 수는 절반으로 줄었다. 특히 비극적인 사실은 플렉스너의 인종 차별적인 '소견' 때문에 흑인 의과대학이 두 곳만 남고 전부 다 폐교했다는 것이다.

동시에 록펠러는 제너럴 에듀케이션 보드라는 명목상의 재단을 설립한 뒤 자신의 명분을 지지하는 대학, 병원, 의사들, 과학자들을 위해 1억 달러를 지원했다. 아울러 의사 면허를 관리하는 미국의학협회(AMA)를 지원하면서 그 방면으로도 영향력을 행사했다.

이로써 '록펠러 의약품'을 미국의 유일한 선택으로 만들기 위한 모든 준비가 끝났다. 하지만 그 시점에 예상치 못한 복병이 나타났다. 석탄과 석유를 기반으로 만든 의약품이 암을 일으킬 수 있다는 조짐이 보이기 시작했다. 록펠러는 그런 악평을 극복하려면 어떻게 해야 할지 알았다. 더 많은 돈을 푸는 것이었다. 록펠러는 1912년 미국암학회(ACS)를 설립했다.

그런 록펠러의 전례에 따라 오늘날의 제약업계도 법과 정책, 공공 인식에 영향력을 행사하기 위해 매년 대형 석유 회사들이 지출하는 비용의 두 배 이상을 쓴다. 그 결과, 어떤 다른 업계보다 대형 제약사들이 우리 삶에 더 큰 영향을 미치는 희한한 현상이 지속되고 있다.

물론 최전선에서 질병과 싸우는 의사와 간호사 등 의료진은 대형 제약사와 처지가 다르다. 그들은 자신들 위에서 군림하는 막강한 세력에 짓눌려 신음하고 있다. 코로나19 팬데믹 같은 위기가 닥치면 큰소리로 떠드는 상전들과 주류 언론, 정부의 소음 속에서 자신들의 목소리를 내기 위해 고군분투해야 한다.

대형 제약사들은 언론의 목줄도 잡고 있다. 2009년 언론 감시 단체인 '보도의 공정과 정확(FAIR)'이 발표한 보고서에 따르면, 단 한 곳을 제외한 미국의 모든 주류 언론사 이사회에 대형 제약사 임원이 포함되어 있었다. 제약업계는 매년 그들이 있는 언론사에 광고료로 약 50억 달러를 '투자'한다.[8]

미국의 언론 부패상을 잘 몰랐던 사람들에게는 제약업계의 언론 개입이 새로운 이슈처럼 생각되겠지만, 사실 언론은 오래전부터 각종 세력의 영향력 아래 있었다. 기술이 발달하고 정보의 실시간 전파가 가능해지면서 정부가 언론에 개입했다. 대다수 미국인은 1941년부터 1945년까지 연방 정부에 '검열청'이 공식 부처로 존재했다는 사실을 모른다.

미국 영화제작자배급업자협회(MPPDA)의 자체 규제를 내세운 헤이스 코드(Hays Code, 주로 영화에서 허용되는 성적 묘사의 한계를 규정했다)를 통한 비공식적인 검열은 이미 오래전부터 있었고 이후에도 계속되었다. 헤이스 코드는 1956년 폐지되었지만 명목상으로만 그럴 뿐이다.

조지프 매카시가 매스컴을 통한 공산주의자들의 세뇌를 주장하면서 미국인들의 시선을 사로잡는 동안 실질적인 언론 조작 네트워크가 막후에서 형성되었다. 미 중앙정보국(CIA)의 '앵무새 작전(Operation Mockingbird)'이었다. 그 작전으로 CIA가 침투한 신문사와 통신사는 1953년 기준으로 25곳에 이르렀고, 약 400명의 기자들이 CIA에 협력했다. 워터게이트 사건 특종으로 유명해진 칼 번스타인 기자는 1977년 잡지 《롤링 스톤》에 기고한 글에서 '앵무새 작전'과 관련해 이렇게 설명했다.

이들 기자들과 CIA의 관계는 일부의 경우 암묵적이었고 일부는 노골적이었다. 자발적인 협력과 요청에 따른 협력, 그리고 그 두 가지가 섞인 경우도 있었다. 기자들은 단순한 첩보 수집부터 공산 국가 첩자들과의 중개 역할 등 CIA에 다양한 서비스를 은밀히 제공했다. 말단 기자들은 취재 내용을 CIA와 공유했고, 간부들은 CIA를 위해 부하 기자들을 동원했다. 그 중에는 퓰리처상 수상자를 포함한 저명한 기자도 있었다. 그들은 스스로 국가를 위한 무임소 대사를 자임했다. 그러나 대부분은 자신에게 도움이 되기 때문에 협력했다. CIA와의 관계를 취재에 이용하려는 기자도 있었고, 기사를 써보내는 것만큼 스파이 활동에 재미를 느낀 해외 통신원이나 프리랜서도 있었다. 비록 극소수이긴 하지만 CIA 요원이 해외 특파원으로 위장한 경우도 있었다. CIA 문서에 따르면, 대다수의 경우 기자들은 미국의 주요 언론사 경영진의 동의 아래 CIA를 위해 일했다.[9]

CIA 간부를 지낸 존 스톡웰은 〈플랜데믹 2〉에 삽입된 인터뷰 클립에서 '앵무새 작전'을 끔찍하게 묘사했다. "일반 사람들의 상상을 초월한다. 가짜 학생 단체를 만들어 급진적인 사상을 가진 학생들을 포섭했다. CIA의 대중 세뇌를 돕기 위해 대학교수 5,000명이 협조했다. 잘 알려진 저널리스트를 포함해 많은 기자들이 CIA를 위해 조작된 기사나 편파적인 기사를 썼다."

1975년 1월 프랭크 처치 상원의원은 정부가 실행한 작전들과

CIA, 국가안보국(NSA), FBI, 국세청(IRS)의 권력 남용 가능성을 조사하기 위한 새로운 위원회를 이끌었다.

1976년 4월 이 위원회는 미국 내부와 해외의 언론에 대한 CIA의 영향력을 조사했다. 그 과정에서 CIA는 TV와 라디오 방송사 임원, 기자, 신문 편집국장, 출판업자 등 3,000명 이상과 계약을 체결하고 이들을 활용한 것으로 드러났다.

또 처치 상원의원의 위원회 앞에서 CIA는 정부 지원 선전 기관을 통해 여론을 조작하는 세계적인 네트워크를 관리한다고 시인했다.

당시 CBS TV 뉴스의 초대 사장이던 시그 미컬슨은 논란 많은 '앵무새 작전'이 지속될 것인지를 묻는 질문에 "그렇다. 기자들의 경우 지금도 계속되고 있을 것"이라고 답했다. 〈플랜데믹 2〉에 삽입된 인터뷰 클립에서 그는 "이제 모든 것이 밝혀졌기 때문에 앞으로는 더 신중하게 진행되리라 생각한다"라고 말했다.

1981년 백악관에서 열린 한 참모 회의에서 윌리엄 케이시 당시 CIA 국장은 "미국 국민이 믿는 모든 것이 허위일 때 우리의 역정보 작전이 성공적으로 완수되었음을 알 수 있을 것"이라고 대놓고 말했다. 농담이 아니다. 지금 페이스북이나 트위터 같은 소셜 미디어에는 온갖 허위 정보가 난무한다. 그 내용을 대충 훑어만 봐도 케이시의 역정보 작전이 실제로 성공했다는 사실을 알 수 있다.

이 문제를 두고 윌리스는 이렇게 논평했다.

"우리의 집단의식이 지금처럼 현실과 단절된 적은 없다. 누군가의 의도에 의해 우리는 비판적으로, 또 독립적으로 사고할 타고난 능력을 잃고 있다. 인류를 마음대로 조종하려는 세력이 수 세대에 걸친 정보 조작을 통해 우리의 생각을 지배해왔다.

이런 사실을 제대로 알아야 한다. 우리가 읽고, 듣고, 보는 모든 것의 90% 이상을 여섯 개의 기업 제국이 소유하고 통제한다. 이 같은 거대한 독점을 통해 그들은 진실의 허상을 만들어낸다. 예를 들어 TV 채널을 이리저리 돌려도 서로 경쟁하는 것으로 알려진 주요 방송사들이 똑같은 뉴스를 내보내고 있다면 우리는 상식적인 판단에 따라 '이 뉴스는 진실을 보도하는 게 분명해'라고 생각한다. 그러나 현실은 전혀 다르다. 밝혀지지 않은 중앙 위치에서 단 하나의 기사가 수천 개의 텔레프롬터로 업로드되는 것일 뿐이다. 그 각본화된 정보는 소위 '전문가'를 통해 전 세계에서 되풀이된다. 그들은 연간 600만 달러에서 4000만 달러를 받고 자기 나라 국민들에게 거짓말을 하고 자기 조국에 피해를 끼친다."

코로나19 초기, 록다운이라는 이동 제한령이 내려진 동안 미국인들의 삶은 조지 오웰의 《1984년》처럼 변했다. 그때 우리는 그 소설에서처럼 화면을 통해서만 뉴스와 정보를 얻을 수 있었다. 21세기에도 빅 브라더가 우리를 지켜보고 있다는 뜻이다. 그러나 더 중요한 점은 빅 브라더가 지켜보기만 하는 것이 아니라 쓰기도 한다는 사실이다. 자기 하고 싶은 대로 이야기를 쓴 뒤 하루 24시간, 일주일 7일, 1년 365일 내내 우리 모두가 주시하는 화면으로 전송되도록 한다.

윌리스는 그런 개념을 더욱 확대하며 이렇게 말했다.

"스트레스와 두려움이 우리의 일차적 바이러스 방어막인 지연 면역력을 앗아간다. 그리고 사람 간의 대면 연결이 우리의 건강과 힐링에 매우 중요하다. 이 모든 것이 과학적으로 입증된 사실이다.

그 외에도 잘 알려진 과학적 사실은 인체가 생존하기 위해서는 자연이 필요하다는 것이다. 집 밖으로 나가 자연 세계 속에 있으면 산소 공급이 증가하고, 고혈압이 완화되며, 심장과 마음, 몸이 최적화된다."

윌리스는 이렇게 덧붙였다.

"미국의 코로나19 대응책은 햇볕과 모든 살아 있는 것들을 멀리하고 집 안에 머무르며, 마스크를 착용함으로써 산소 흡입을 억제하고, 집 안을 독성 살균제로 가득 채우며, 파멸을 예고하는 미디어 대기업과 정치 전도사들이 주입하는 이야기를 듣고 보는 것뿐이다.

잘은 모르겠지만, 이런 상황에서는 사망자가 더 늘어나기를 원하는 사람도 있을지 모른다."

장기간 지속된 록다운으로 인해 수십억 명의 삶이 황폐해지는 동안 경제 잡지 《포브스》의 체이스 피터슨위손 기자가 2021년 4월호에 쓴 기사는 소수의 부호들이 우리의 일상 회복이 신속하게 이뤄지기를 원치 않는 이유를 설명하고 있다. 기사에 따르면, 조 바이든 미국 대통령은 의회 연설에서 이렇게 말했다. "코로나19 팬데믹으로 미국인 2000만 명이 일자리를 잃었습니다. 그러나 개인 자산 10억 달러가 넘는 미국 억만장자 약 650명의 전체 자산 가치는 1조 달러 이상 증가했습니다. (……) 현재 그들이 가진 자산은 모두 합해 4조 달러가 넘습니다."[10]

《포브스》의 데이터에 따르면, 바이든 대통령의 지적은 옳다. 엄밀히 말하면 미국 억만장자들의 가치가 그보다 약간 더 높다. 우리 계산에 따르면, 2021년 4월 28일 주식 시장이 마감되었을 때 그들의 전체 자산 가치는 4조 6000억 달러였다. 코로나19가 세계를 강타하기 직전인 2020년 1월 1일 주식 시장이 개장했을 당시에는 그 가치가 3조 4000억 달러였다. 그동안 35%나 늘어난 것이다.

팬데믹이 시작된 이래 억만장자들이 더 부유해졌을 뿐 아니라 그들의 수도 늘어났다. 2021년 《포브스》의 세계 억만장자 목록에 따르면, 이 거부 클럽에 493명이 새로 가입했다. 최고의 기록이다. 2020년 3월부터 2021년 3월까지 약 17시간마다 한 명씩 추가된 셈이다. 그중 미국인 거부는 98명이 증가했는데 할리우드의 저명인사 킴 카다시안 웨스트, 영화감독 타일러 페리, 그리고 애플의 최고경영자 팀 쿡 등 잘 알려진 얼굴들이 포함되었다.

윌리스는 "우리가 지금 겪고 있는 '기획된' 코로나19 팬데믹에서 우리가 배운 게 있다면 그건 갈수록 테크노크라트들이 우리 세계를 지배한다는 것"이라고 강조했다.

tech·noc·ra·cy

〔명사〕

기술 전문가 엘리트에 의한 사회나 산업의 지배나 통제.

뉴노멀 시대에 들어온 여러분을 환영한다!

제6장
세계 지배를 위한 예행연습

엘리트들은 언제나 정보를 통제한다. 특히 독재 정부에서 그런 현상이 두드러진다. 정보와 지식이 권력이다. 정보를 통제하면 사람도 통제할 수 있다. ─ 톰 클랜시

2019년 10월 18일

뉴욕 피어 호텔

"우리 센터와 우리의 파트너인 세계경제포럼(WEF, 다보스 포럼이라고도 한다)과 빌&멜린다 게이츠 재단을 대표하여 이곳을 찾은 청중 여러분과 온라인으로 이 행사에 참여한 더 많은 가상 청

중 여러분을 진심으로 환영합니다. '이벤트 201'의 목표는 가상의 팬데믹이 일으킬 수 있는 파장과 그것이 제기하는 사회적·경제적 도전을 사실적으로 보여주는 것입니다."[1]

지금 돌이켜 생각해보면 섬뜩하다는 말로도 부족할 정도로 무시무시한 일이었다. 대기업과 정부 기관의 수뇌부가 뉴욕 맨해튼의 가장 호화로운 곳에 모여 '가상으로' 세계를 휩쓸며 수천 명의 목숨을 앗아가는 팬데믹에 어떻게 대응할지 연습했다. 그들은 한 명씩 나와서 이 같은 세계적인 위기를 어떻게 다룰지에 관해 장황하게 설명했다. 마지막에는 비록 시뮬레이션이었지만 세계를 구하느라 수고했다며 서로 칭찬하고 격려했다.

사회자는 이렇게 설명했다. "'이벤트 201'의 시나리오는 허구이지만 공중 보건 원칙과 역학적 모델링, 과거 유행한 감염병의 평가를 기반으로 만들어졌습니다. 쉽게 말해 우리는 실제로 발생할 수 있는 팬데믹을 가상으로 만들어냈습니다."

시뮬레이션은 가상의 뉴스 영상으로 시작되었다. 와글대는 돼지 떼를 찍은 장면을 배경으로 세련된 여성 앵커의 차분하고 엄숙한 목소리가 울려 퍼졌다. "이번 팬데믹의 시발점은 아주 건강해 보이는 돼지였습니다. 수개월, 어쩌면 몇 년 전이었을 수 있습니다. 신종 코로나바이러스가 조용히 퍼져나갔습니다. 감염된 사람들은 유행성 감기 같은 가벼운 증상부터 심한 폐렴까지 다양한 호흡기 질환을 보였습니다." 연단 뒤에 설치된 화면에 으스스한 영상이 투사되면서 앵커의 말이 이어졌다. "위중증 환자는 집중 치료를 받아야 했습니다. 사망자가 이어졌습니다. 처음에는 밀접 접촉한 사람들 사이에서만 감염이 이뤄졌습니다. (……) 그러나 이제는 지역 사회 전체로 급속히 퍼지고 있습니다." 사람들의 국제적인 이동을 통해 국경 너머로 감염이 진행되면서 이 감염병 유행은 급기야 전면적인 글로벌 팬데믹으로 확대되었다고 앵커는 설명했다.

이 시뮬레이션은 음모론의 확산도 예측했다. 시나리오에 따르면, 엘리트 패널은 대중을 기만하는 조작된 정보가 만연하다며 그런 정보의 흐름을 차단할 수 있는 가장 효과적인 방법을 논의했다. 검열이 일상화되었고, 수백만 명이 백신을 달라고 한목소리로 외쳤다. 임상 시험이 완료되지 않은 실험적인 백신이라도 마다하지 않았다. 병원은 환자로 넘쳐나고, 마스크와 위생 장갑은 턱없이 부족했다.

'이벤트 201' 행사는 2019년 10월 열렸다. 코로나19 팬데믹이 선포되기 5개월 전이었다. 이처럼 복잡하고 규모가 큰 행사는 일반적으로 시나리오를 작성하고, 준비하고, 제작하는 데에만 수개월이 걸린다. 그렇다면 이 행사를 처음 기획한 시점은 적어도 실제 코로나19 팬데믹이 발생하기 1년 전쯤일 것으로 추정된다.

이런 사실에 관심을 가진 사람이라면 당연히 다음과 같은 의문이 들 것이다. 그처럼 부유하고 막강한 사람들이 실제 팬데믹이 발생하기 훨씬 전에 무엇이 필요하고 어떤 물자가 부족할지 알았다면 왜 그토록 중요한 세부 문제에 미리 대비하지 않고 끔찍한 일이 눈앞에 닥칠 때까지 손을 놓고 있었을까?

이상하게도 '이벤트 201'[2]은 존스홉킨스 대학, 세계경제포럼, 빌&멜린다 게이츠 재단[3]이 공동으로 '주최'했지만 행사에 필요한 모든 비용은 오픈 필랜스러피(Open Philanthropy)가 부담했다. 오픈 필랜스러피는 페이스북의 공동 창업자 더스틴 모스코비츠가 운영하는 자선 단체다. 모스코비츠는 유전자가위 크리스퍼(CRISPR) 기술을 전문으로 하는 중국 업체 셜록 바이오사이언스에 투자했다. 이 회사는 나중에 크리스퍼 기술을 활용한 코로나19 진단 키트를 개발해 FDA로부터 긴급 사용 승인(EUA)을 받는다.[4] 따라서 당시 모스코비츠는 팬데믹이 닥칠 경우 상당한 이득을 볼 수 있는 입장이었다.

'이벤트 201' 참석자들은 개인 보호 장비(PPE)를 비롯한 재난 대응 자원이 턱없이 부족하다고 입을 모았다. 그러나 온라인 매체 '기즈모도'는 이 행사를 보도하며 팬데믹과 관련한 검열과 조작된 정보에 초점을 맞췄다. 어쩌면 그것이 더 큰 위협이라고 말할 수 있기 때문이었다. 에드 카라 기자는 '기즈모도'에 이렇게 썼다. "시뮬레이션에 따르면, 소셜 미디어가 트롤(인터넷 공간에서 주제에서 벗어난 내용, 공격적이거나 불쾌한 내용, 고의적으로 논쟁을 일으키는 내용 등을 전파하여 다른 사람들의 화를 부추기고 감정을 상하게 하는 사람들)이나 심지어 정부가 허구의 바이러스에 대한 역정보를 퍼뜨리도록 허용함으로써 위협을 더 키웠다. 예를 들어 외국인들이 바이러스를 퍼뜨렸다는 식이다. 그 결과 공중 보건 전문가들에 대한 대중의 신뢰도는 더욱 떨어졌다."[5]

'이벤트 201'의 프로젝트 책임자 에릭 토너는 카라와 가진 인터뷰에서 이렇게 말했다. "에볼라 같은 최근의 감염병 유행에서도 그랬지만 지금은 소셜 미디어가 더욱더 큰 역할을 한다. 그 역할은 긍정적인 작용도 하지만 부정적인 측면도 있다. 사람들은 소셜 미디어에서 중요한 정보와 뉴스도 얻지만 소문과 역정보도 그런 매체를 통해 전파된다."

권력을 쥐려는 사람들은 그런 사실이 무엇보다 중요하다는 점을 간파했다. 그들에게는 개인 보호 장비를 비축하는 일보다 더 효과적인 수단이 정보의 출처를 지배하는 것이었다. 팬데믹으로 사회적 거리 두기와 외출 제한 같은 록다운 조치가 시행될 경우 정보 통제력은 더욱 위력적이다.

마틴 박사는 이렇게 설명했다. "예를 들어 집합을 금지하면 사람들은 선거 이슈에 관한 자유로운 토론을 할 수 없어요. 외출하지 않고 집 안에 머물러 있으면 미디어에서 전해주는 정보만 받아들이게 됩니다. 그럴 경우 내가 정치인이라면 지역구 유권자들을 공략하기가 아주 쉬워요. 유권자들은 내가 허용하는 곳에만 머물고, 내가 통제하는 미디어를 통해 내가 허용하는 메시지만 듣게 되기 때문이죠."

2021년 3월 2일, 야후 뉴스의 조시모 T. 리테라투스 기자는 요즘 기자들이 잘하지 않는 '직접 취재'를 시작했다. 하나의 단순한 의문이 촉발한 그 취재는 리테라투스를 기이한 세계로 안내했다. 그가 가진 의문은 이랬다. "지난해 다큐멘터리 동영상 〈플랜데믹 2〉가 소셜 미디어에 공개되었을 때 인쇄 매체와 디지털 매체는 그 동영상이 허위 정보를 담았다며 맹비난했다. 그들의 논리는 설득력 있고 그 근거도 탄탄한 것처럼 보였다. 몇몇 비판자들은 〈플랜데믹 2〉가 역정보를 유포하는 동영상이라고 주장했다. 물론 그들의 비판이 옳을 수 있다. 그러나 만에 하나 그들이 틀렸다면?"[6]

리테라투스는 이후 〈플랜데믹 2〉에 관한 기사를 2021년 4월 20일, 5월 4일, 6월 1일 세 차례 야후 뉴스에 올렸다. 그는 동영상에서 거론된 주요 특허와 마틴 박사가 밝힌 요점을 직접 확인했지만 비판자들이 붙인 '허위 정보'라는 꼬리표가 타당함을 보여주는 어떤 증거도 찾을 수 없었다.

리테라투스는 6월 1일 올린 기사에서 이렇게 지적했다.

대다수 매체들이 〈플랜데믹 2〉의 내용을 '음모론'으로 낙인찍었다. 그들은 이 동영상이 코로나19 팬데믹에 대한 '역정보'

를 퍼뜨리기 위해 제작된 다큐멘터리라고 주장했다. 그러나 '음모론'과 '역정보'라는 주장은 '이벤트 201' 시뮬레이션의 개최 시점을 생각하면 설득력이 전혀 없다. 2019년 10월 18일이라는 그 타이밍은 희한하게도 딱 맞아떨어진다. '이벤트 201'이 묘사한 상황이 바로 3개월 뒤인 2019년 12월 중국에서 시작된 코로나19 팬데믹을 빼닮았기 때문이다. (……)

특히 중국이 코로나19 유행 발표를 의도적으로 늦췄을 가능성이 있다는 사실에 주목할 필요가 있다. 그들이 그런 사실을 더는 국제 사회로부터 숨길 수 없다고 판단한 12월까지 검열을 통해 정보를 통제했을지 모른다. 실제로는 코로나19 유행이 그로부터 몇 달 전에 발생했을 수 있다는 뜻이다. 그렇다면 중요한 의문이 생긴다. '이벤트 201' 주최자들이 그 시뮬레이션 행사가 열리기 오래전부터 중국에서 무슨 일이 일어나는지 알고 있었을까? 그 의문은 지금까지도 풀리지 않고 있다.[7]

그러나 그런 시뮬레이션이 '이벤트 201'만 있었던 것도 아니다. 코로나19 팬데믹이 시작될 때까지 세계의 엘리트 수십 명이 그런 시나리오의 다양한 버전을 제시했다.

그중 하나가 '이벤트 201'이 열리기 바로 한 달 전인 2019년 9월 발표된 '위험에 처한 세계 시나리오(World at Risk Scenario)' 보고서다. 이 보고서는 세계보건기구(WHO) 산하 조직인 '세계 준비 태세 감시위원회(GPMB)'가 작성했다. NIAID 소장인 앤서니 파우치 박사, 빌&멜린다 게이츠 재단의 세계개발부 책임자 크리스토퍼 J. 엘리아스 박사, 미국 CDC의 재정 지원을 받는 중국 질병통제예방센터의 가오푸(高福) 등이 GPMB 위원이다.

WHO는 이 보고서가 "심각한 글로벌 건강 위협을 예방하고 억제하는 세계의 능력을 단적으로 보여주었다"라고 평가했다. 그리고 더 중요한 사실은 GPMB가 "다섯 개 분야에 걸쳐 준비를 서둘러야 할 일곱 가지 우선적인 조치를 세계 지도자들에게 권고했다"는 것이라고 WHO는 설명했다. "그 다섯 개 분야는 리더십, 다분야 국가 시스템 구축, 연구 개발, 재정 지원, 국제 협력 강화다."[8]

구체적으로 그들은 세계 지도자들에게 2020년 9월까지 '이벤트 201'과 같은 두 건의 글로벌 팬데믹 준비 태세 연습을 실시하도록 권고하면서, 그중 한 건은 호흡기 감염 병원체가 유출되는 상황에 초점을 맞춰야 한다고 강조했다.

일찍이 2017년 1월 NIAID 소장인 파우치 박사는 현직 대통령에게 팬데믹이 닥칠 수 있다고 경고했다. 그는 조지타운 대학에서 열린 팬데믹 준비 태세 포럼에서 트럼프 대통령의 임기 종료 전에 '기습적인' 팬데믹이 닥칠 것을 '확신한다'고 말했다.[9] 그로부터 약 3년 뒤 코로나19가 세계를 덮쳤고 파우치 박사는 백악관에서 팬데믹 대응 태스크포스를 이끌었다.

마틴 박사는 코로나19가 발생하기 몇 달 전부터 세계가 팬데믹에 대비하고 있으며, 어떤 질병이 원인이 될지 알고 있었던 듯하다는 초기 조짐을 감지했다고 밝혔다. "2019년 늦여름부터 가을까지 비영리 기관과 기업들, 코로나바이러스 프로그램에 대한 은밀한 재정 지원 등을 분석하는 동안 우리 시스템이 이례적인 상황을 지적했어요. 2019년 9월 '위험에 처한 세계 시나리오'를 검토할 때 첫 경보가 울렸죠."

몇 달 뒤 '위험에 처한 세계 시나리오'가 현실로 나타나기 시작했다. "보고서에 나와 있는 내용 하나하나가 우리 눈앞에서 그대로 펼쳐졌어요. 연습 시나리오에 담겨 있는 모든 사항이 현실이 되고 있었다니까요." 과연 우연의 일치였을까?

마틴 박사는 그처럼 완벽한 일치에 넋을 잃었다. "팩트체커들은 그것이 코로나바이러스 유행과는 아무 상관이 없었다고 말했죠. 그냥 우연이라는 주장이었어요. 사건들이 동시에 일어나고 때맞춰 자연이 뒤따라주는, 정말 있음 직하지 않은 희한한 상황이 아닌가요? 그런데도 우리는 그냥 우연의 일치라는 주장을 그대로 믿도록 강요당했어요. 정말 대단한 수완입니다."

'이벤트 201'이 열리기 1년 전 존스홉킨스 보건안보센터는 거의 똑같은 후원자들, 주최자들, 참가자들을 모아 '클레이드 X(Clade X)'로 이름 붙인 허구의 바이러스 유행을 가상한 팬데믹 시뮬레이션을 실시했다. 그들의 세 번째 시뮬레이션이었다. 첫 번째 시뮬레이션은 2001년 9·11 테러 바로 몇 달 전에 실시된 '어두운 겨울'이었다. (두 번째 시뮬레이션은 2005년 1월 14일에 실시된 '애틀랜틱 스톰'이다 – 옮긴이)

당시 '어두운 겨울'을 지켜봤던 《뉴요커》 잡지의 니콜라 트윌리 기자는 이렇게 썼다. "9·11 바로 몇 달 전이라는 타이밍 때문에 실제 테러 공격이 닥쳤을 때 정부와 시민 사회가 거의 마비되는 상황의 심각성을 절실하게 느낄 수 있었다. 조지 W. 부시가 대통령 훈령 51호를 제정한 것도 부분적으로는 '어두운 겨울' 때문이었던 것으로 알려졌다. 대통령 훈령 51호는 '대재앙적인 비상사태'가 발생할 경우 정부의 연속성을 보장하기 위한 비밀 계획이다."[10]

대통령 훈령 51호 내용의 대부분은 기밀에 부쳐졌지만 공개된 일부 조항은 대통령이 계엄령 발효를 포함해 거의 권위주의적인 권한을 가질 수 있다는 점을 시사했다. 그 계획에 따라 실제로 행해진 지금 우리가 알다시피 일반 미국인을 상대로 영장 없이 실시된 통신 감청, 적으로 인지되는 자들을 대상으로 한 고문 등이었다.

광범위한 권위주의적 대응 방식은 2010년 록펠러 재단이 발표한 팬데믹 준비 태세 연습 보고서의 결과로 구축되었다. 54쪽 분량의 이 보고서 제목은 '기술과 국제 개발의 미래에 관한 시나리오'였고, 그중에 '록스텝(Lock Step)'이라는 팬데믹 시나리오가 포함되어 있었다. 록스텝은 "강화된 하향식 정부 통제와 권위주의적 리더십으로 혁신이 제한되고 시민 활동이 위축되는 세계"를 그려냈다.

'클레이드 X' 팬데믹 시뮬레이션에서 그들은 그런 권위주의적 리더십이 지방 정부(주 정부)의 차원에서 어떻게 실행될 수 있는지 탐구했다. 시뮬레이션에서 주지사들은 록다운을 실시하고, 다른 주의 주민들이 들어오지 못하도록 막았다. 실제 코로나19 초기에 벌어진 상황과 똑같았다.

시뮬레이션에서도 현실에서처럼 각 주마다 다른 지침을 채택하면서 혼란이 빚어졌고, 연방 정부는 개입을 거부했다. 당시 존스홉킨스 대학 블룸버그 공중보건대학원 산하 보건안보센터를 이끈 톰 잉글스비는 "감염병 유행이 심각해지면 지방 정부가 연방 정부의 지침을 따르기보다 독자적으로 행동하려는 상황이 발생한다. 그런 상황은 관리가 가능할 수도 있지만 불가능할 수도 있다"라고 지적했다.

《뉴요커》의 트윌리 기자는 이렇게 썼다. "시뮬레이션이라는 인위적인 상황에서도 리더십이 실종되었다. 대통령이 모든 일에 전반적인 결정권을 갖는다는 데에는 모두 동의했지만 구체적인 대응에 대한 책임을 질 사람은 아무도 없는 것 같았다."[11]

시뮬레이션에서 상원 다수당 대표 역할을 맡은 톰 대슐 전 상원의원은 "이 가상의 위기가 시작된 지 5개월째로 접어들지만 아직도 누가 책임자인지 오리무중"이라고 불평했다.

트윌리 기자는 "실제 상황에서 그 책임을 맡아야 할 백악관 국가안보회의 소속 세계보건안보 담당 정책관 티머시 지머가 공교롭게도 바로 이틀 전에 면직되었다"라고 기사에 썼다.[12] 따라서 가상의 '클레이드 X' 팬데믹 시뮬레이션이 보여준 혼돈 상황이 현실에서도 그대로 나타날 수밖에 없었다. 그리고 팬데믹 대응에서 정부의 잘못으로 생긴 권력의 공백을 대형 제약사와 대기업들이 채웠다.

실제로 코로나19 팬데믹이 미국을 덮쳤을 때까지도 신임 백악관 세계보건안보 담당 정책관 자리는 공석이었다. 임명조차 하지 않았다. 연방 정부 차원의 리더십이 보이지 않고 주 정부들이 자기 주민 보호에만 초점을 맞추는 상황에서 과연 누가 팬데믹에 대한 세계적인 대응을 이끌 수 있을까?

세계보건기구(WHO)는 1948년 바로 그런 명분으로 설립되었다. 유엔의 전문 기구인 WHO는 "세계의 모든 사람이 가능한 한 최상의 건강을 누릴 수 있도록 하는 것"을 목표로 내세웠다. 실행적인 측면에서는 미국의 CDC와 비슷한 역할을 맡도록 되어 있다. 지침을 발표하고, 유행병을 추적하며, 공중 보건을 감독하는 일이다.

그러나 현실적으로는 WHO도 다른 대부분의 기구와 마찬가지로 이익 충돌에 취약하다. 무슨 일이든 하려면 외부의 재정 지원이 필요하기 때문이다. 원칙적으로 WHO는 인류의 보건과 웰니스(wellness)를 이끌고 보호하는 독점적인 권한을 부여받은 기구이지만 대부분 민간의 기부금으로 유지된다. 특히 WHO를 지원함으로써 이득을 볼 수 있는 제약사와 생명공학 기업들이 기부금의 많은 부분을 떠맡는다.

예를 들어 2018~2019년 회계 연도 동안 WHO에 자발적으로 가장 많은 기부금을 낸 단체들은 다음과 같다.

- 빌&멜린다 게이츠 재단: 5억 3100만 달러
- 세계백신면역연합(GAVI, 게이츠 부부가 설립했다): 3억 7100만 달러
- 로터리 인터내셔널(10년 이상 빌&멜린다 게이츠 재단의 파트너다): 1억 4300만 달러
- 세계은행(2018년 이래 빌&멜린다 게이츠 재단의 파트너다): 1억 3300만 달러
- 유럽연합(EU) 집행위원회(EU의 행정 기구로 2019년 빌&멜린다 게이츠 재단으로부터 4500만 달러 이상을 지원받았다): 1억 3100만 달러
- 미국 국립자선신탁(빌&멜린다 게이츠 재단으로부터 수백만 달러를 지원받았다): 1억 800만 달러[13]

2017년 세계는 '의학적 배경이 전혀 없는 마이크로소프트 창업자'인 빌 게이츠가 세계에서 가장 막강한 국제 보건 기구인 WHO에서 영향력을 행사하는 모습을 주목하기 시작했다.

그해 WHO 신임 사무총장이 지명되기 직전, 정치 전문 매체 '폴리티코'는 "소프트웨어 업계의 거물(빌 게이츠)이 WHO에 영향력을 행사하는 것을 두고 부당하다는 비판이 쏟아졌다"라고 보도했다.[14]

신임 사무총장 후보 중 한 명이 에티오피아의 보건 장관을 지낸 테워드로스 거브러여수스였다. 만약 그가 선출된다면 의사가 아닌 첫 WHO 사무총장이 되는 상황이었다.

폴리티코 기사는 이렇게 덧붙였다. "게이츠는 테워드로스가 에티오피아 보건 장관이었을 때 그 나라의 건강 프로그램에 재정을 지원했다. 그런데 지난해 프랑스의 한 외교관은 게이츠가 WHO 신임 사무총장 선거에서도 테워드로스를 지지한다고 밝혔다."

빌&멜린다 게이츠 재단은 그런 사실을 부인하며 폴리티코에 "우리 재단은 WHO 신임 사무총장 선거에서 투표권을 가진 회원국이 아니므로 어느 후보를 지지할 수 없으며, 따라서 중립적인 입장을 견지한다"라고 말했다.

결국 테워드로스가 선출되었다. 전혀 놀라운 일이 아니었다. 빌 게이츠만이 아니라 클린턴 글로벌 이니셔티브, 또 중국 공산당 등 막강한 우군의 지지를 받은 그는 쉽게 WHO 사무총장에 올랐다. 의사 출신이 아니라는 사실은 하등 문제가 없다는 듯 무시되었다. 게다가 그의 과거 스캔들도 슬그머니 덮어졌다.

테워드로스는 에티오피아의 티그라이 인민해방전선 고위 간부를 지냈다. 티그라이 인민해방전선은 폭파, 납치, 고문, 살해 등 반인류 범죄의 배후로 의심받는 잔혹하고 부패한 정치 조직이다. 게다가 그는 자신이 보건 장관으로 있는 동안 자국에서 발생한 세 차례의 콜레라 유행을 은폐했다는 의혹도 받았다.

에티오피아에서 첫 콜레라 유행이 발생했을 때 테워드로스 보건 장관 아래서 그 질병은 '급성 설사(AWD)'로 재분류되었다. 비판자들은 이를 두고 사태를 축소함으로써 국제 사회의 우려를 피하려는 꼼수라고 지적했다. 하지만 그런 조치로 인해 에티오피아는 콜레라 유행의 피해를 수습할 수 있는 외국 원조를 받지 못했을뿐더러 백신 접종 프로그램도 실시할 수 없었다. 정부가 그 질병을 '콜레라'로 특정해야 원조와 백신 제공이 가능하기 때문이었다. 결국 테워드로스 자신의 체면을 살리려고 애꿎은 국민들만 희생시켰다는 비난이 터져나왔다.

그런 사실에 경악한 일부 미국 의사들은 2017년 테워드로스에게 콜레라를 급성 설사로 재분류한 조치를 취소하라고 압박하는 공개서한을 발표했다. "지금 수단에서 발생하고 있는 사태가 대규모 콜레라 유행이 분명한데도 그에 대한 당신의 침묵은 날

이 갈수록 더욱 치욕스러워지고 있다. 이 콜레라 유행에 대한 역사가 기록되면 당신은 용서받지 못할 인물로 남을 것이다."《유라시아 리뷰》 2020년 5월호에 실린 관련 기사에 따르면, 미국 의사들은 테워드로스가 "동아프리카에서 계속 번지고 있는 끔찍한 고통과 죽음에 깊이 연루되어 있다"라고 맹비난했다.[15]

그러나 테워드로스가 사무총장 후보로 WHO에 제출한 이력서에는 자신에게 불리한 이런 사실들이 전혀 언급되지 않았다. 하지만 지금도 그는 일부 집단에서 '은폐 전공 의사'로 알려져 있다. 한 정책연구소는 그를 두고 "유명하고 중요한 국제기구에서 요구되는 공정성과 정직성에 흠집을 낸 전형적인 인물"이라고 비판했다.

마틴 박사는 이렇게 설명했다. "지금 우리는 불행하게도 리더십이 무력화되고 실종된 시대를 살고 있습니다. 지도자 위치에 오르는 사람들이 능력이 뛰어나서가 아니라 드러나지 않는 실세에 의해 쉽게 조종될 수 있는 특성 때문에 그런 자리를 차지한다는 뜻입니다. 지금의 WHO보다 그런 상황을 더 명확히 보여주는 리더십은 없어요."

그런 지도자들을 내세우고 뒤에서 그들을 조종하며 막강한 영향력을 행사하는 사람들이 실세 '리더'다. 바로 WHO 같은 기구를 지원할 자금이 충분한 사람들이나 집단을 말한다. 마틴 박사는 그런 집단을 두고 "WHO, CDC, NIAID 그리고 그들에게 자금을 대는 위장 자선 단체들의 의사 결정에 두루 참여하는 인사들"이라고 설명했다. 빌&멜린다 게이츠 재단이 백신 프로젝트를 위해 설립한 GAVI가 '위장 자선 단체'의 대표적인 예다.

그들로부터 재정 지원을 받거나 또는 다른 방식으로 그들과 연결된 단체들이 보유한 특허가 1,300건이 넘는다. 조금만 깊이 조사하면 현재 거의 모든 의학 연구와 혁신에서 빌 게이츠와 앤서니 파우치의 지문을 찾아보는 것이 어렵지 않다.

바이러스 진단 키트를 개발하는 중국의 셜록 바이오사이언스의 경우 빌&멜린다 게이츠 재단으로부터 상당한 지원을 받고 있다. 우한 바이러스 연구소의 파트너였던 에코헬스 얼라이언스는 NIH의 재정 지원을 받았고, 빌&멜린다 게이츠 재단의 이사한 명이 그 회사의 과학 자문 이사회에서 활동했다. 코로나19 백신의 개발을 이끈 회사 중 하나인 모더나는 빌&멜린다 게이츠 재단으로부터 수백만 달러를 지원받았고, 백신 임상 시험을 위해 NIH, NIAID와 제휴했다.

끼리끼리 얽히고설킨 복잡한 관계다. 영향력을 행사하는 그들에게 악의가 없다고 믿는다 해도 우리는 최소한 그들이 서로 어떻게 얽혀 있는지는 알고 있어야 한다. 미국 역사의 대부분 기간에 미국인들은 이런 기업들이 휘두르는 거대한 영향력을 막기 위해 많은 노력을 기울였다.

예를 들어 과거에는 제약사가 특정 의약품이 위험하다는 사실을 알고도 판매하거나, 그 약이 공중 보건을 위태롭게 하는 증거를 은폐하면 최고경영자가 고발되어 징역형을 선고받았다. 그러나 안타깝게도 거대 제약사에 대한 그런 엄격한 견제가 갈수록 희미해졌다. 요즘은 그런 범죄 행위도 벌금 형태의 가벼운 처벌로 끝나는 경우가 많다.

최근에 일어난 터무니없는 사례가 새클러 가문의 경우다. 그들은 옥시콘틴이라는 마약성 진통제를 제조 판매한 퍼듀파마를 운영하고 있는데, 50만 명에 가까운 미국인의 생명을 앗아간 마약성 진통제 중독 사태의 배후로 지목되었다. 그처럼 중독성이 강하다는 사실을 알면서도 단지 매출을 올리기 위해 그 약의 판매를 강행했다는 혐의로 기소된 퍼듀파마는 공공의 분노가 들끓자 옥시콘틴과 관련된 형사 혐의에 대해 유죄를 인정했다.

그러나 퍼듀파마는 경영진의 징역형 대신 겨우 몇백만 달러의 벌금만 부과받았다. 한편 새클러 가문은 별도로 2억 2500만 달러의 벌금을 물기로 합의했다. 연간 옥시콘틴 판매 수익의 약 4분의 1, 퍼듀파마의 연간 전체 수익의 8%에 해당하는 금액이었다. 마약성 진통제 중독증이 최고조에 달했을 때 사망한 미국인 희생자 1인당 약 450달러에 해당한다.

이처럼 제약사에 부과되는 벌금은 그런 사업을 하다 보면 어쩔 수 없이 생기는 일종의 간접 비용이라며 대수롭지 않게 생각하는 경우가 많다. 그러나 마틴 박사의 말에 따르면, 문제는 그보다 훨씬 심각하다. "재정 지원에서, 의사 결정에서, 또 경쟁사들 사이의 내부 정보에서 이익 충돌이 있다면 그것은 독점금지법 위반에 해당합니다. 즉 미국 연방법에 저촉되는 범죄라는 뜻입니다."

제7장
게이츠 제국과 백신 복마전

복지 국가란 실질적으로 대중의 복지 증진을 목표로 하는
국가가 아니라 기득권층의 자존심을 중시하는 국가를 뜻한다.
— 토머스 소웰

'전설'에 따르면, 빌 게이츠는 어려서부터 컴퓨터만 아는 괴짜
로 시애틀의 자택 차고에서 시작해 거대한 컴퓨터 제국을 건설
했다. 스웨터 조끼 차림에 안경을 쓴 이 어리숙한 약골은 비상한
머리를 밑천으로 숱한 어려움을 딛고 엄청난 재산에 막강한 권
력과 특권까지 거머쥐는 데 성공했다. 그렇다면 최고의 미국적
인 성공담이 아닌가? 글쎄다. ……틀렸다고 말할 수는 없지만
그게 반드시 사실 그대로의 이야기는 아니다.

빌 게이츠는 흔히 말하는 '금수저'로, 부와 특권을 가진 집안에서 태어났다. 조부와 증조부가 금융업계의 거물이었다. 부친 윌리엄 게이츠 시니어는 시애틀에서 꽤 알려진 변호사로 정계의 로비스트였다. 어머니는 사업가이자 정치 활동가로서 세계적인 자선 단체 유나이티드 웨이의 첫 여성 대표를 지냈다(하지만 유나이티드 웨이는 1990년대 초 이래 금융 스캔들에 휘말려 있다). 아무튼 게이츠 일가는 미국에서 권력에 관한 문제라면 속속들이 꿰고 있었다.

빌 게이츠는 시애틀의 명문 사립 고등학교 레이크사이드 프렙 스쿨을 졸업한 뒤 하버드 대학에 진학했지만 2학년 때 중퇴하고 회사를 차렸다. 그 회사가 나중에 마이크로소프트가 된다. 하지만 당시에도 그는 성공을 위해서라면 자신의 사업가 정신에만 의존하지 않았다.

갓 창업한 회사가 어려움을 겪자 그의 어머니가 유나이티드 웨이 이사회에서 활동하던 존 오펠에게 사정을 이야기했다. 오펠은 '우연히도' IBM 회장이었다. 그의 어머니가 세상을 떠났을 때 《뉴욕 타임스》에 실린 부고를 보면 이런 대목이 나온다. "일부의 전언에 따르면, 오펠 회장이 다른 IBM 임원들에게 게이츠 여사의 이야기를 전달했다. 그리고 몇 주 뒤 IBM은 첫 개인용 컴퓨터(PC) 출시에 필요한 운영 체제 개발을 소규모 소프트웨어 회사에 불과했던 마이크로소프트에 맡기는 모험을 했다."[1]

빌 게이츠에게 필요했던 것이 바로 '엄마 찬스'가 만들어낸 그런 절호의 기회였다. IBM PC는 MS-DOS(마이크로소프트 디스크 운영 체제)를 탑재하고 출시되었다. 그로써 마이크로소프트는 대중의 의식 속에 기술 분야의 스타로 자리 잡았다. 하지만 MS-DOS는 사실 빌 게이츠가 개발한 것이 아니었다.

1980년 12월 마이크로소프트는 시애틀 컴퓨터 프로덕트(SCP)가 개발한 운영 체제를 다른 제조사에 판매하는 권리를 2만 5,000달러에 사들였다. 1981년 7월 IBM PC 출시 한 달 전 마이크로소프트는 5만 달러를 추가로 지불하고 그 운영 체제를 마음대로 사용할 수 있는 권리를 확보했다. 그러면서도 마이크로소프트는 SCP가 독자적으로 그 운영 체제를 계속 판매할 수 있도록 허용했다. 그러나 SCP는 그것을 탑재할 하드웨어가 없어 경영난에 시달렸다.

당시 20대였던 SCP 소유주는 그 운영 체제를 판매할 수 있는 라이선스가 자신에게 남은 유일한 자산이라는 사실을 깨달았다(그 소프트웨어가 '윈도' 운영 체제의 기반이 되었다). 당연히 수많은 마이크로소프트 경쟁사들이 빌 게이츠 제국의 심장부에서 그 운영 체제를 빼앗고 싶어 했다. 마이크로소프트는 절대로 빼앗길 수 없다고 판단하고 전력 방어에 나섰다.

긴장이 고조되면서 수백만 달러가 걸린 법정 공방이 이어졌다. 재판은 수년을 끌었다. 결국 양측이 법정 밖 합의로 소송을 마무리 지었다. 마이크로소프트는 SCP에 92만 5,000달러를 지불했다. SCP가 개발한 소프트웨어의 판매권만이 아니라 빌 게이츠 자신이 그 소프트웨어의 개발자라고 주장할 수 있는 권리까지 갖는 대가였다.

그 사건에서 뼈아픈 교훈을 얻은 빌 게이츠는 다시는 그런 실수를 하지 않기 위해 특허 쪽으로 눈을 돌린 듯하다. 그는 마이크로소프트로 승승장구하면서 다른 한편으론 수많은 지주 회사를 내세워 수만 건의 특허를 그러모았다. 특허는 소송에서 자산을 보호하는 최고의 수단일 뿐 아니라 겉으로 드러내지 않고 마이크로소프트를 막강한 존재로 만드는 수단이 되었다.

마틴 박사는 〈플랜데믹 2〉에서 제약업계를 포함해 여러 혁신 분야에서 마이크로소프트와 빌 게이츠의 영향력을 확인하고 추적하는 일이 거의 불가능하다고 설명했다. "빌 게이츠는 어떤 사람도 특허의 세계를 정확히 이해하기가 매우 어렵다는 사실을 간파했던 것 같아요. 그것이 지금 백신 등과 관련된 특허 문제의 일부가 되었어요. 그 기원은 1980년대의 마이크로소프트로 거슬러 올라갑니다. 그때 운영 체제로 혼쭐이 났던 그는 그다음부터 지주 회사에 그 회사의 이름과는 아무 상관이 없는 특허를 쌓아두는 교묘한 방식을 개발했어요." 그렇게 함으로써 그는 자신이 어떤 분야에서 무슨 일을 하고 있는지 외부에서 알 수 없도록 만들었다.

2013년 마이크로소프트는 자사와 자회사가 소유한 4만 건 이상의 특허를 검색할 수 있는 목록을 만들었다. 하지만 그것도 잠시였고, 지금은 그 링크가 특허 목록을 보여주지 않고 대신 특허의 중요성에 관한 일반적인 설명으로 넘어간다.

빌 게이츠는 자신의 제국을 건설하면서 존 D. 록펠러의 무자비한 수법을 차용했다. IBM에 운영 체제를 공급하며 막대한 수익을 올린 그는 자금 동원력을 최대한 활용해 경쟁사들이 따라올 수 없는 수준으로 가격을 낮춤으로써 자신의 소프트웨어를 업계의 표준으로 만들었다.

그 과정에서 빌 게이츠는 무자비하다는 악명을 얻었다. 그는 아버지로부터 법과 정치의 속과 겉을 파악하는 것만 아니라 그런 지배 세력을 배후에서 조종하기 위해 수단과 방법을 가리지 않고 싸우는 법도 배웠다. 그의 가장 친한 친구들도 그에게 당할 수밖에 없었다.

빌 게이츠는 고등학교 친구인 폴 앨런과 함께 1975년 마이크로소프트를 공동 창업했다. 앨런은 기술 부문 총책임자였지만 회사가 발전하면서 일을 감당하기가 어려웠다. 앨런의 업무 성과에 실망한 게이츠는 하버드 대학 동기로 머리가 비상한 스티브 발머를 영입했다.

앨런의 회고록《아이디어 맨(*Idea Man*)》에 따르면, 그는 발머가 회사 지분 5%만 갖도록 하는 게 좋겠다고 게이츠에게 말했다.

그러나 후에 그는 게이츠가 발머에게 8% 이상의 지분을 주었다는 것을 말해주는 문서를 발견했다. 하지만 그보다 더 크게 그의 화를 돋운 사건은 자신의 지분을 줄일 계획을 논의하는 게이츠와 발머의 대화를 엿들은 것이었다.

앨런은 회고록에 이렇게 썼다. "그들은 나의 최근 생산성이 떨어졌다고 한탄하며 자신들과 다른 주주들에게 스톡옵션을 발행하여 나의 지분을 낮추는 방법을 논의하고 있었다."[2] 앨런의 업무 성과가 떨어진 것은 나태함 때문이 아니었다. 그는 얼마 전 비호지킨 림프종 진단을 받아 집중적인 화학 요법으로 치료를 받고 있었다. 미래가 불확실하고 심리적인 도움이 필요했던 시기에 오랜 친구이자 사업 파트너가 그의 허약하고 불안한 상황을 교묘하게 이용해 공동 창업한 회사에서 그를 쫓아내고 싶어 한 것이었다. 크게 실망한 앨런은 곧바로 회사를 그만두고 다시는 돌아가지 않았다. 이후 앨런은 게이츠와 만나거나 대화한 적이 없다. 오늘날 미국인 대다수는 빌 게이츠를 마이크로소프트의 유일한 창업자로 생각한다. 마이크로소프트 창업 이야기에서 앨런은 완전히 편집되어 사라진 것이다.

게이츠는 회사 경영 초기에 매우 대담한 사업 전략을 구사했다. 미국의 권력 구조를 지배하는 세력들의 눈에서 벗어난 독자적인 행보였다. 그 일로 인해 그는 톡톡한 대가를 치렀다.

1998년 미국 법무부와 20개 주의 검찰은 마이크로소프트를 독점금지법 위반 혐의로 기소했다. 그들은 마이크로소프트가 하드웨어와 소프트웨어를 번들(묶어 팔기 또는 끼워 팔기)로 제공하고, 경쟁사 프로그램을 내려받지 못하게 함으로써 독점금지법을 위반했다고 주장했다. 법정은 법무부의 손을 들어주었다. 판사는 마이크로소프트가 컴퓨터업계에서 독점을 추구하는 사업 전략을 채택함으로써 셔먼 독점금지법을 위반했다고 판결했다.

마이크로소프트는 곧바로 항소하여, 결국 항소심에서 판결이 번복되었다. 하지만 마이크로소프트는 자축할 수 없었다. 승리라고 하기에는 상처가 너무 컸기 때문이었다. 재판 과정에서 게이츠는 모두 합해 18시간에 이르는 증언을 해야 했고 그의 증언은 전부 녹화되어 모두가 볼 수 있었다. 그 장면은 시골뜨기 컴퓨터광이 뛰어난 두뇌와 노력으로 거부가 되는 성공 신화를 무색하게 만들면서 게이츠의 이미지를 추락시켰다. 얼마 전까지 대중의 의식 속에서 엄청난 성공을 이룬 안경잡이 신동이었던 게이츠는 그 사건으로 인해 기업가의 꿈을 가진 청년들을 짓밟은 사악한 억만장자로 인식되기 시작했다. 갑자기 미운털이 박힌 그가 공공 영역에서 사업을 계속하기 위해선 이미지 개조가 시급했다.

게이츠는 '무자비한 기술 독점주의자'에서 '세계에서 가장 관대한 자선 사업가'로 탈바꿈을 시도했다. 2000년 그는 아내와 함께 종잣돈 1억 달러를 투입해 빌&멜린다 게이츠 재단을 설립했다. 그 후 20년 동안 이 재단은 세계 각지의 의료 기관과 단체, 정부 기구, 바이오테크 회사들에 거액을 지원했다.

그러나 자금 전부가 게이츠 부부의 주머니에서 나온 것은 아니다. 빌&멜린다 게이츠 재단은 지원하는 회사들의 주식에 집중 투자한다. 머크, 릴리, 화이자를 비롯한 대형 제약사들이 그 대상이다. '지원'을 고도의 지능적인 투자로 활용한다는 뜻이다.

그러면서 빌&멜린다 게이츠 재단은 수직적으로 통합된 방대한 다국적 기업으로 매우 빠르게 확대되었다. 이제 그들은 시애틀에 위치한 이 재단의 임원 회의실에서부터 아프리카와 아시아의 작은 마을들에까지 이르는 백신 공급 사슬의 모든 단계를 관리하고 통제한다.

대학을 중퇴한 컴퓨터광이 어떻게 의약품, 특히 백신에 대한 세계적인 전문가를 자임하게 되었을까? 희한하게 아무도 그런 의문을 갖지 않는다. 의학 교육과 훈련을 전혀 받지 않은 빌 게이츠가 백신의 미래에 관한 자신의 견해를 밝히는 연설과 인터뷰를 해도 누구 하나 이상하게 생각하지 않는다. 심지어 그는 WHO 회원국 모임에서 기조연설까지 했다. 의사도 아닌 민간인으로서 그런 경우는 처음이었다. 자신의 재산을 자발적으로 세계를 위해 쓰겠다면 그야말로 칭찬할 일이지 전혀 문제 될 게 없다고 생각하는 사람도 있을 것이다.

하지만 과연 그럴까? 따져보면 문제가 한두 가지가 아니다.

우선 그의 제약업계 투자에서 나오는 실질적인 이득이 있다. 더 중요한 것은 그런 투자를 통해 행사하는 영향력이다. 정책의 방향을 정하고 의사 결정에 참여할 수 있다는 뜻이다. 둘째, 그의 재단은 세계 여러 나라에 피해를 주었다(의약품은 의학 전문가에게 맡겨야 하는 이유다). 재단의 끝없는 홍보와 그의 잦은 공개 석상 등장으로 우리는 그의 '긍정적인 영향'은 잘 알고 있지만 그의 재단이 세계 여러 나라에 피해를 끼친 사건은 잘 모른다. 교묘하게 은폐되는 경우가 많기 때문이다.

한 예로 인도를 보자. 2009년 빌&멜린다 게이츠 재단은 인도의 연예계 스타를 비롯한 저명인사들을 동원해 새로운 집단 예방 접종을 홍보했다. 그 캠페인으로 주로 인도의 원주민 여자아이 2만 4,000명 이상이 백신을 접종받았다. 그들은 그것이 '건강 주사'로 알고 맞았으며, 부모의 동의를 받지 않은 경우도 적지 않았다. 하지만 그들이 맞은 주사는 빌&멜린다 게이츠 재단의 지원을 받은 '적절한 건강 기술 프로그램(PATH)'이라는 단체가 제공한 인유두종 바이러스(HPV) 백신으로 임상 시험을 거치지 않은 상태였다.

시민 단체인 어린이건강보호(CHD)의 부회장 메리 홀런드는 〈플랜데믹 2〉를 위해 윌리스와 가진 화상 인터뷰에서 이렇게 설명했다. "이 백신을 제공한 사람들은 여자아이들의 보호자에게 거짓말을 했으며, 아이들에게는 '이건 암을 예방하는 백신이야.

이 백신 주사를 맞으면 앞으로 암에 걸리지 않아'라고 말했어요. 그런데 주사를 맞은 아이들은 극심한 부작용을 나타냈어요. 일부는 발작을 일으켰고, 일부는 암에 걸렸어요. 일곱 명이 사망했습니다. 그들에게는 보험도 없었고, 어떤 도움도 없었어요. 빌&멜린다 게이츠 재단은 그것이 임상 시험이었다는 의혹을 부인했어요. 상황이 심각해지자 인도 의회가 그 문제를 조사하는 특별위원회를 만들었습니다."

조사가 이뤄졌을 때 인도의 대법관이었던 콜린 곤살베스 박사는 월리스와 가진 화상 인터뷰에서 미국 언론에서는 거의 다루지 않은 이 비극적인 사건을 이렇게 돌이켰다. "인도는 야만적인 나라입니다. 인도에서 일어나는 일은 아주 야만적이죠. 하지만 나는 미국의 한 자선 단체가 환한 대낮에 아주, 아주 인도식으로 행동하는 것을 보고 경악하지 않을 수 없었어요."

곤살베스 박사는 빌&멜린다 게이츠 재단이 지원한 백신 프로그램에 관한 우려가 제기되었을 때 "나 역시 그 전체 과정이 철저히 밝혀지길 원했습니다"라고 말했다. "인도 의회는 특별위원회를 구성했어요. 사실 놀라운 일이었죠. 가난한 사람들에게 일어난 일에 그처럼 고위 차원의 조사가 이루어지는 경우는 드물기 때문입니다."

처음에는 조사 결과가 뻔했다. 여자아이 일곱 명의 사망이 모두 백신과 무관하다는 것이었다. 정부 조사단은 보고서에 이렇게 적었다. "한 명은 채석장에서 익사했고, 다른 한 명은 뱀에 물려 사망했으며, 두 명은 농약 음독으로 자살했고, 또 한 명은 말라리아 합병증으로 숨졌다. 나머지 두 명의 사인은 확실하지는 않지만 한 명은 고열증으로, 다른 한 명은 뇌출혈로 사망한 것으로 추정된다."

그러나 추가 조사에서 우려하던 문제가 드러났다.

2010년 인도 정부는 백신 접종이 사전 동의를 받지 않고 실시되었다는 사실을 밝혀냈다. 또 2011년 보고서는 백신 접종 후 이상 반응을 관리하는 장치가 마련되지 않았다고 지적했다. 2013년 발표된 마지막 보고서에는 PATH와 그 파트너들을 질타하는 내용이 들어 있었다.

곤살베스 박사는 이렇게 회상했다. "아주 놀라운 보고서였습니다. 내 기억에 인도 의회가 그처럼 준열한 보고서를 낸 적은 없었거든요. 정부 관리들이 나서서 '승인해서는 안 될 백신 프로그램이었다. 우리의 잘못이었다. 다시는 이런 일이 없을 것'이라며 사과했지요."

과학 학술지 《사이언스》는 이렇게 보도했다. "인도의 보고서는 PATH가 여성의 건강을 보호하기는커녕 거대 제약사들의 도구가 되기로 자청함으로써 인도 정부를 상대로 HPV 백신을 정부 부담으로 실시되는 의무 예방 접종 프로그램에 포함시키도록 설득하려 했다고 지적했다." (현재 인도에서 HPV 백신은 개인 병원에

서만 계속 접종받을 수 있다.)[3]

특히 조사단은 인도의학연구위원회를 가장 혹독하게 비판했다. "인도의학연구위원회는 인도 최고의 의학 연구 기관으로서 맡아야 할 역할과 책임의 수행에 완전히 실패했으며 (……) PATH의 책략을 돕기 위해 다른 기관들의 영역까지 무시하는 월권을 행사했다. 이런 행위는 엄중한 징계를 받아 마땅하다."[4]

이 보고서로 PATH와 빌&멜린다 게이츠 재단은 대중의 지탄을 거의 받지 않았지만 인도 정부는 회복하기 어려운 치욕을 당했다. 결국 2017년 인도 정부는 빌&멜린다 게이츠 재단과 맺은 협력 관계를 중단하면서, 자국의 예방 접종 기술 지원부를 공적 자금으로 지원할 계획이라고 발표했다.

당시 로이터 통신은 이렇게 보도했다. "빌&멜린다 게이츠 재단이 인도의 백신 프로그램에 개입하는 것은 이익 충돌의 우려가 크다는 지적이 이미 제기된 상태였다. 이 재단이 대형 제약사를 파트너로 하는 글로벌 백신 연합인 GAVI도 지원하기 때문이다."[5] 인도 보건부 고위 관리였던 숨야 스와미나탄은 로이터 통신에 "외부 기관이 재정을 지원한다는 인식이 있었기 때문에 그 기관의 입김이 작용하기가 아주 쉬운 여건이었다"라고 말했다.[6]

그러나 빌&멜린다 게이츠 재단이 인도에서 완전히 손을 뗀 것은 아니었다. 2020년 3월, 이 재단은 인도 의학계에 전략적으로 개입했다. 그들은 "인도에서 빌&멜린다 게이츠 재단이 지원하는 사업을 더욱 활성화하고, 인도 전체에서 정책 입안자들 사이의 논의를 촉진하기 위해" 인도 최고의 의료 기관인 전인도의학연구소(AIIMS)에 거액을 기부한다고 발표했다.[7]

곤살베스 박사에게는 이전의 악몽을 다시 꾸는 것과 같았다. 그는 "그들이 인도에 돌아와 과거의 술수를 다시 부리고 있어요"라며 고개를 저었다. "언론의 왜곡 보도, 정치인들의 여론 조작 등 뻔합니다. (……) 그들 모두 한목소리로 '우리는 백신을 원한다'고 말하겠죠."

이제 코로나19 팬데믹으로 전 세계의 백신 수요가 급증하는 상황에서 빌&멜린다 게이츠 재단이 인도에서 철수할 생각은 더더욱 없을 것이라고 곤살베스 박사는 확신했다.

실제로 2020년 말에 빌&멜린다 게이츠 재단과 화이자, 모더나 같은 파트너들이 코로나19 백신 개발을 발표했다.

곤살베스 박사는 "무엇보다 큰 문제는 그들이 자선가로 받아들여지는 것입니다"라고 지적했다. "실제론 정치적, 경제적 영향력을 갖는 것이 그들의 속셈인데 말이죠."

빌&멜린다 게이츠 재단은 자신들의 인도 프로젝트를 제3세계에 대한 일종의 '노블레스 오블리주'로 홍보하지만, 곤살베스 박사는 현실적으로 냉혹하게 판단한다. "세계 국가 중에서 두 번째로 많은 13억 인구를 가진 인도는 대형 제약사들이 노다지를 캐기에 더할 수 없이 좋은 곳입니다. 그 과정에서 많은 사람이

희생될 수 있어요. 그들이 이 세계에서 하는 일을 보면 너무 섬
뜩해요."

1986년 미국 의회는 국가 어린이 백신 상해법(NCVIA)을 통과
시켰고, 로널드 레이건 대통령이 서명했다. 그로써 발효된 이 법
은 미국에서 백신의 성격을 완전히 바꿔놓았다. 먼저 NCVIA는
국가 백신 프로그램 사무처를 탄생시켰다. CDC, FDA, NIH 등
정부 기관들 사이에서 백신과 관련된 모든 일을 조정하는 것이
목적이었다. 또 백신 접종 후 이상 반응 등의 부작용을 조사하는
위원회도 비영리 기관인 의학연구소에 설치되었다. 아울러 의사
들은 그런 이상 반응을 CDC와 FDA가 공동 관리하는 백신 부
작용 보고 시스템에 신고해야 한다. 마지막으로 CDC는 모든 백
신의 잠재적 위험을 적시한 백신 상해 설명서를 작성하고, 의사
들은 백신을 접종받는 모든 사람에게 사전 동의를 받을 때 설명
서를 제공하도록 규정되었다. (물론 작은 글씨로 적힌 그 복잡한 설명
서를 반드시 읽도록 강요할 수는 없다.)

그러나 백신 상해의 부작용이 나타나도 백신을 접종받은 사람
은 직접 백신 제조사를 상대로 소송을 제기할 수 없게 되어 있
다. 그 대신 NCVIA는 국가 백신 보상 프로그램(NVCP)을 만들
어 그 문제를 처리하도록 했다. NVCP 목록에 나와 있는 보상
대상 백신으로 상해를 입었다고 믿는 사람들이 그 프로그램에
신청하면 심사를 거쳐 백신 상해가 인정될 경우 보상을 받을 수

있다. 그러나 보상금은 백신 제조사에서 나오는 것이 아니라 미국 국민이 내는 세금에서 충당된다.

미국 납세자는 누군가가 백신을 접종받을 때마다 0.75달러의 특별소비세를 낸다. 그 세금은 '백신 상해 보상 신탁 펀드'로 들어간다. 예방 접종을 받는 아이들이 늘어날 때마다 자금이 늘어난다. 예를 들어 2013년부터 2017년까지 이 프로그램으로 지급된 보상금은 연평균 2억 2900만 달러였다. 1980년대에 이 프로그램이 시작된 이래 지금까지 40억 달러 이상이 지급되었다. 그만큼 부작용이 많았다는 뜻이다.

그렇다고 그 액수가 전체 상해 건수를 바탕으로 하는 것은 아니다. 신고된 전체 상해 중 백신과의 인과 관계를 확인하고 판정을 받기 위해 법정으로 회부되는 건수를 나타낼 뿐이다. 또 모든 백신이 보상 프로그램 대상이 되는 것도 아니다. 게다가 까다로운 보상금 청구 절차에 필요한 시간과 비용을 감당할 수 없는 사람도 적지 않다.

그러나 미국 국민이 대형 제약사와 코로나19의 관계를 따질 때 NCVIA가 유일한 고려 요인은 아니다. 백신 보상 프로그램과 그에 따른 법적 책임 소재는 2001년 9·11 테러 후 '공공 준비 및 비상사태 대비법(PREP ACT)'이 제정되면서 새로운 변화를 맞았다. 이 법에 따르면, 보건복지부 장관은 공중 보건을 위태롭게 하는 질병 등의 위협에 대응하는 일에 관련된 모든 사람에게 언제든 면책 특권을 부여할 수 있다. 당연히 코로나19에도 그 법이 적용되었다.

2020년 3월 미국 보건복지부는 코로나19와 관련된 솔루션(진단 키트, 백신, 치료제 포함)을 개발하고 제조하고 시험하고 배포하고 투여하는 일에 참여하는 모든 개인, 회사, 단체를 보호한다는 선언문을 발표했다. 이에 따라 제약사는 코로나19와 관련된 행위에서 어떤 결과가 빚어지더라도 '고의에 따른 위법 행위'만 아니면 책임지지 않을 수 있게 되었다. 소송당할 염려가 사라진 것이다. 코로나19 백신의 이상 반응으로 심하게 앓더라도 개인이 알아서 해야 한다. 마스크 착용 때문에 오히려 코로나19 증상이 더 나빠진다면 그저 딱할 뿐이다. 또 그로 인해 일자리를 잃거나 건강보험 납부금이 치솟는다면 나쁜 운을 탓할 수밖에 없다.

다시 한번 강조하는데, 백신은 분명 효과가 있다. 그건 부인할 수 없는 과학적인 사실이다. 백신은 생명을 구할 수 있다. 하지만 적어도 이런 의문은 가질 필요가 있다. 제약사들에 백신의 안전성을 보장해야 할 책임이 사실상 없도록 만든 것이 잘한 일일까? 물론 우리는 제약사들이 백신의 안전성을 보장하기 위해 애쓴다고 믿고 싶다. 그러나 역사를 돌아보았을 때 선의만으로는 인명 희생을 막기에 충분치 않다는 사실을 쉽게 알 수 있다.

이와 함께 백신을 가장 먼저 시장에 내놓으면 큰 이득이 따른다는 사실에도 주목해야 한다. 코로나바이러스가 유행하기 전

부터 이미 의학계는 백신 개발 연구에 공을 들였다. 《유럽분자
생물학기구(EMBO) 리포트》에 실린 한 연구에 따르면, 전반적인
백신 관련 연구를 위한 재정 지원이 2003년부터 2007년 사이에
41% 증가했다. 특히 말라리아와 결핵 백신 연구에 투입된 지원
금이 각각 96%, 62%씩 늘었다.

그 때문에 다른 질병 관련 연구가 타격을 받았다. 한 예로 미
국에서 여전히 제1의 사망 원인인 심장병 연구를 위한 지원금은
같은 기간에 고작 3% 증가에 그쳤다.

《EMBO 리포트》에 따르면, 백신 개발 같은 세계적인 보건 프
로젝트에 대한 NIH의 관심과 지원이 상당히 갑작스럽게 증가했
는데, 거의 전적으로 빌&멜린다 게이츠 재단의 영향력 때문인
것으로 나타났다. 물론 EMBO 연구자들은 빌&멜린다 게이츠
재단이 NIH에 백신 개발을 밀어붙이도록 압력을 행사했다고 적
시하지 않았지만 정치인들이 외부 단체의 압력에 훨씬 더 취약
하다는 점은 지적했다.

물론 의회가 NIH에 지원 대상을 지시할 수 있다. 충분히 가능
한 일이다. 1990년대의 에이즈나 좀 더 최근의 유방암 연구 같
은 경우 그런 식으로 지원이 이루어졌다. 문제는 의회가 빌&멜
린다 게이츠 재단의 영향을 받느냐는 것이다.

미국의 의학적 의제는 사실상 빌 게이츠가 설정한다. 그로써
세계의 의제도 결정된다. 빌&멜린다 게이츠 재단의 공적인 사

명이 인류의 건강을 증진하고 보호하는 것이라는 사실, 그럼에도 그 재단의 설립자들이 우리 지구와 우리 몸을 가장 많이 오염시키는 것으로 알려진 회사들의 주요 투자자라는 사실은 심각한 의문을 제기한다.

2007년 1월 미국의 비영리 독립 방송 '데모크라시 나우'의 진행자 에이미 굿먼은 방송 도중에 이런 질문을 던졌다. "세계 최대의 민간 자선 단체가 좋은 일을 하려고 사용하는 바로 그 돈으로 오히려 해를 끼치고 있는 것은 아닐까? 이것이 현재 마이크로소프트 창업자 빌 게이츠와 그의 아내 멜린다의 자선 사업이 직면한 질문이다. 《로스앤젤레스 타임스》는 빌&멜린다 게이츠 재단이 온갖 사회 문제와 건강 문제를 일으키는 것으로 비난받는 회사들로부터 매년 수백만 달러를 벌어들인다고 밝혔다. 그 재단이 해결하겠다고 선포한 것이 바로 그런 문제가 아닌가?"[8]

그때가 2007년이었다. 이후 빌 게이츠는 세계적인 독점 체제를 더욱 크게 확대했다. 그는 암을 일으키는 것으로 밝혀진 살충제 라운드업을 생산하는 몬산토의 최대 주주 중 한 명일 뿐 아니라 우리가 의존하는 거의 모든 주요 서비스 업체에 관여하고 있다. 휴대전화 및 컴퓨터 회사인 애플, 온라인 쇼핑몰 아마존, 운송 회사 UPS와 페덱스, 부동산 회사 크라운 캐슬 인터내셔널, 캐나다 철도공사, 건설 장비 회사 캐터필러, 폐기물 처리 회사 웨이스트 매니지먼트, 지주 회사 버크셔해서웨이, 방송사 그루

포 텔레비사, 통신 회사 리버티 글로벌, 할인 매장 월마트, 구글과 유튜브의 모회사인 알파벳 등등 수없이 많다.

2021년 1월 부동산 전문 잡지 《랜드 리포트》는 이렇게 보도했다. "빌 게이츠는 현재 미국에서 가장 많은 농지의 소유자다. (……) 그는 워싱턴주를 비롯해 캘리포니아, 아이다호, 와이오밍, 콜로라도, 뉴멕시코, 애리조나, 네브래스카, 아이오와, 위스콘신, 일리노이, 미시간, 인디애나, 오하이오, 노스캐롤라이나, 플로리다, 미시시피, 아칸소, 루이지애나 등의 주에서 토지를 소유하고 있다."

인도의 학자이자 환경 운동가인 반다나 시바는 73쪽에 이르는 보고서 《지구 민주주의: 지구의 권리를 인류의 인권과 복지에 연결하기》에서 2050년까지 '탄소 중립(net zero)'을 이루자는 빌 게이츠의 제안을 다음과 같이 비판했다.[9]

새로운 '탄소 중립' 세계에서는 농민들이 토지 관리자와 보호자, 건강과 식량 제공자로 존중받고 보상받을 수 없을 것이다. 그들이 농업 시스템 전체를 보호하고 재생하는 생태학적 방식으로 건강에 좋은 식량을 생산해도 공정한 가격을 받지 못할 것이다. 새로운 '탄소 중립'은 원주민과 소농들의 토지를 지배하면서 지속적인 온실가스 배출을 허용하는 가짜 과학과 가짜 탄소 배출 계산법에 근거한 가짜 기후 변화 대책일 뿐이다.

'탄소 중립'은 먼저 '디지털 영농'과 '농민 없는 농사'를 통해, 그다음은 가짜 탄소 배출 계산법을 통해 소농들을 제거하려는 책략이다. '탄소 중립'의 새로운 계산법은 결코 탄소 배출을 완전히 없애는 것이 아니다. 단지 부유한 오염자들이 계속 환경을 오염시키는 것과 동시에 친환경 농사를 짓는 원주민과 소농들의 토지와 자원을 장악하려는 전략을 의미할 뿐이다.

반다나 시바는 2021년 3월 조지프 머콜라 박사와 가진 인터뷰에서 이렇게 잘라 말했다. "빌 게이츠는 전 세계의 농업과 식량 생산에 엄청난 영향력을 발휘할 것이다. 문제는 그의 의도가 좋다는 증거를 찾을 수 없다는 사실이다. (······) 우리가 보호해야 할 것을 제대로 보호하지 못하는 상태에서 그의 나쁜 의도가 노골적으로 드러나면 앞으로 10년 안에 세계의 농업이 구제 불능 상태에 빠질 것이다."[10]

문제는 빌 게이츠가 독점을 추구하는 경향이 있다는 점만이 아니다. 그가 사업상 어울리는 인물 중 일부도 자선가라는 그의 페르소나와 상충된다.[11]

2019년 10월 《뉴욕 타임스》는 잘 알려진 성범죄자이자 억만 장자인 제프리 엡스타인과 빌 게이츠의 수수께끼 같은 관계를 다음과 같이 보도했다. "엡스타인이 2009년 교도소에서 석방된 지 2년도 안 지난 시점에 그의 뉴욕 자택에서 게이츠와 처음 만났다."[12]

당시 엡스타인은 여성과 미성년자 36명을 성폭행한 혐의로 기소되었다. 그러나 터무니없는 오심으로 그는 미성년자 성매매와 매춘 알선 각각 한 건씩에 대해서만 유죄를 선고받았다.

《뉴욕 타임스》는 또 "게이츠는 엡스타인의 악명 높은 개인 전용기 '롤리타 익스프레스'를 함께 탄 적이 있으며, 때로는 엡스타인의 뉴욕 자택에 밤늦게까지 머물기도 했다"라고 보도했다.

윌리스는 이렇게 설명했다. "게이츠와 엡스타인의 관계에 관해 〈플랜데믹 2〉에서 우리가 다룬 것은 빙산의 일각일 뿐이다. 우리는 기본적인 조사를 통해 확인될 수 있는 사실만 다루기로 원칙을 세웠기 때문에 안타깝게도 그들 두 억만장자 사이의 가장 어두운 거래에 관한 내용은 언급할 수 없었다. 구체적인 증거로 뒷받침할 수 없는 의혹은 하나도 제기하지 않았다. 하지만 우리는 힘든 조사 과정을 통해 세계 최고의 부자 중 한 명이 거의 모든 주요 디지털 뉴스와 정보 플랫폼에 거액의 투자를 하고 있다면 그는 역사를 삭제할 힘도 갖는다는 교훈을 얻었다."

제8장
팩트체커를 팩트체킹하다

교육은 사실을 배우는 것이 아니라 사유하는 마음의 훈련이다. — 알베르트 아인슈타인

〈플랜데믹 2〉 제작을 위한 인터뷰에서 마틴 박사는 윌리스에게 이렇게 말했다.

"지금은 우리의 뇌에 각인되고 있는 인지 부조화의 순간이라고 말할 수 있어요. 예를 들어 시민의 자유를 억압하는 명분을 세우려고 '대공황을 기억하라', '9·11을 기억하라'고 말하는 것과 다를 바 없다는 뜻입니다.

우리는 믿을 수 없을 정도로 자행되는 압제와 전횡을 겪으며 그런 행위의 정당화를 위해 그 구실을 찾도록 길들여지고 있어

요. 따라서 코로나19 팬데믹에 따른 그 같은 행위는 '2020년을 기억하라'에 의해 정당화될 겁니다. 코로나19로 목숨을 잃거나 그 바이러스에 감염되어 고통을 겪는 사람들이 한낱 소모품으로 취급받고 있어요. 이는 그들의 명예와 인격에 대한 더할 수 없는 모독입니다.

현재의 상황은 우리가 그 소중한 자유를 얼마나 더 많이 빼앗겨야 참다못해 '더는 안 돼!'라고 반격에 나설지 시험하는 것이기도 합니다."

윌리스가 그 말을 듣고 마틴 박사에게 "그럼 우리는 이제 어떻게 해야 하죠?"라고 물었다.

마틴 박사의 답변이 이어졌다.

"지금은 우리가 무리 지어 몰려가 가해자들을 색출해서 광장으로 끌어내 공개적인 치욕을 주고 처벌해야 하는 그런 시점은 아니라고 생각해요. 지금 우리는 음모 세력들이 내리는 결정 하나하나가 어떤 식으로 합쳐지는지 잘 파악해야 합니다. 그 각각은 하나씩 떼어놓고 보면 대중을 위하는 조치로 그럴듯해 보이죠. 하지만 그런 결정들이 하나둘 쌓이면 그 결과는 우리 삶의 피폐로 이어져요. 그들이 이 세계를 함께 살아가는 동료 인류의 사정을 무시하기 때문입니다.

그러나 이를 계기로 우리는 각자가 지금 어떻게 살고 있는지 성찰하고, 우리가 매 순간 내리는 모든 결정이 반드시 그에 상응하는 결과를 가져온다는 사실을 되새기는 기회가 될 수 있다고 봅니다. 지금은 우리의 인간성을 회복해야 할 때입니다."

인터뷰가 시작된 지 네 시간 반이 지나서야 촬영이 끝났다. 제작팀 전체가 넋을 잃었다. 마틴 박사의 인터뷰는 처음엔 〈플랜데믹 2〉의 한 부분으로 끼워 넣을 계획이었다. 그러나 인터뷰가 끝나자 그 내용의 중요성 때문에 윌리스는 마음을 바꿔 이것을 토대로 삼아 완전히 새로운 작품을 만들었다.

윌리스는 "원래는 〈플랜데믹〉을 30분짜리 에피소드 세 편으로 제작할 생각이었다"라고 돌이켰다. "1편은 이미 발표했고, 후속으로 2편과 3편을 잇따라 내놓을 계획이었다. 하지만 편집 과정에서 '온라인 검열이 갈수록 심해져 잘못하면 3편은 못 낼 수도 있겠구나' 하는 생각이 들었다. 그래서 마지막 순간에 2편과 3편을 합쳐 하나의 장편 다큐멘터리를 만들기로 결정했다."

〈플랜데믹 1〉이 워낙 강한 인상을 남긴 터라 후속작이 나온다는 소식에 세계 전역에서 의사들과 과학자 수백 명이 제작팀을 지지하고 나섰다. 윌리스는 그들 모두를 사실상의 팩트체커로 활용했다.

"그들을 세 그룹으로 나눠 동영상 한 대목의 녹취록을 단체 이메일로 각 그룹에 보냈다. 한 그룹은 10여 명의 의사와 백신 전문가들이었다. 또 한 그룹은 법학자들과 특허 변호사들이었다. 나머지 한 그룹은 연구자와 언론인들이 섞여 있었다. 나는 그 세 그룹에 녹취록에 담긴 모든 주장을 면밀히 검토해서 잘못된 부분이 있는지 확인해달라고 요청했다.

그다음 확인된 부분을 편집한 상태로 다시 보내 미흡한 부분이 있는지 재검토하도록 했다. 모두가 해당 정보에 만족을 표한 뒤에야 우리는 그 부분을 본편에 삽입했다. 확인이 필요한 모든 부분을 그런 식으로 진행했다."

제작팀과 조사팀은 그처럼 힘든 확인 작업을 마다하지 않았다. 그들은 잘 알려지지 않은 의학 학술지까지 샅샅이 뒤졌고, 정부의 공식 보고서를 세밀히 검토했으며, 법전을 읽고, 납세 기록을 조사하고, 특허 문서를 찾아보고, 목격자들을 비공개 조건으로 인터뷰했다. 다큐멘터리에서 언급되는 모든 주요 주장은 하루가 걸리든 일주일이 걸리든 완벽해질 때까지 하나하나 확인했다.

일반적으로 장편 다큐멘터리 한 편을 완성하는 데 짧으면 1년, 길면 5년이 걸린다. 그러나 〈플랜데믹 2〉 제작에는 3개월 남짓 걸렸다. 거의 매일 밤늦게까지 열정을 쏟아부은 덕분이었다. 제작팀은 코로나19 팬데믹이 진행되는 동안 이 다큐멘터리를 발표할 수 있다면 그런 수고는 얼마든지 감수할 수 있다고 생각했다. 사람들에게 자신도 모르는 사이에 세계적인 의학 실험에 자원하고 있다는 사실과, 그 실험이 큰 위험을 가져올 수 있다는 사실을 올바로 알릴 시간이 아직 남아 있을 때 발표해야 의미가 있기 때문이었다. 가장 기본적인 인권 중 하나가 사전 동의로, 백신의 위험성을 충분히 고지받은 뒤에 접종할지 여부를 결정할 수 있는 권리를 말한다. 그러나 의도적으로 부풀려진 바이러스 공포로 인해 대중이 심리적으로 위축될 때 그 권리는 무시되기 쉽다. 지금까지 그런 경우가 비일비재했다.

〈플랜데믹 2〉 출시일이 다가오면서 제작팀은 기대에 부풀었다. 〈플랜데믹 1〉을 발표했을 때 쏟아진 중상과 비방으로 곤욕을 치른 탓에 이번에는 어떤 공격에도 끄떡없는 작품을 만들겠다고 다짐하며 최선을 다했기 때문이었다.

〈플랜데믹 1〉이 나왔을 때 미코비츠 박사를 향한 공격은 신속하고도 맹렬했다. 무엇보다 미코비츠 박사는 과거 다른 문제로 제약업계와 싸우면서 오명을 뒤집어쓴 전력이 있어 누구나 마음만 먹으면 공격하기 쉬운 표적이었다. 대다수 매체에서 미코비츠 박사와 관련된 과거 기사를 하나라도 찾을 수 있다면 기자들은 그녀가 원래 그런 사람이라며 〈플랜데믹 1〉에 나온 인터뷰를 무조건 공격해도 무방하다고 생각한 듯했다. 특별히 비판적인 사고나 취재 노하우 없이도 무차별적인 비난의 기사를 쏟아낼 수 있었다.

하지만 마틴 박사의 경우는 달랐다. 그에게는 평판에 문제 될 것이 없었다. 그는 재정 전문 분석가로 월스트리트에서 세계 최초의 공모주 수량화 지수인 IQ 100 CNBC 지수를 개발했다. 또

버지니아 대학 다든 경영대학원의 명예 연구원이며, 유엔 산하 정부 간 기구인 재생에너지기구의 경제혁신위원장을 지냈고, 세계의 여러 중앙은행, 국제적인 경제 포럼, 세계은행, 국제금융공사(IFC), 미 의회, 몇몇 국가 정부의 자문역을 맡기도 했다.

이런 탄탄한 배경 때문에 그가 제보자로 나선다는 사실 자체가 중대한 사건이었다. 마틴 박사는 여러 면에서 엘리트인 데다 기득권층의 일원으로 자신이 몸담은 다양한 분야에서 구석구석의 자초지종을 다 알고 있을 뿐 아니라, 어떤 면에서는 가장 어두운 비밀까지 파악하고 있었다. 따라서 그는 미코비츠 박사와 달리 인터넷 검색으로 그의 약점을 캐는 글을 찾아 그 내용을 재탕해 공격하기가 쉽지 않은 인물이다.

〈플랜데믹〉 제작팀은 1편의 경험을 통해 소셜 미디어 플랫폼을 운영하는 거대 IT 기업이 어떻게 나올지도 예상했다. 그래서 이번에는 인터넷 서비스 업체나 플랫폼의 운영자가 독자적으로 폐쇄하기 훨씬 더 어려운 '탈중앙화'된 웹사이트를 구축했다. 특정 기업이나 기관이 사용자의 데이터를 독점하지 못하도록 데이터를 분산 저장하는 방식이다. 또 제작팀은 〈플랜데믹 2〉의 공식 출시 전에 입소문을 내기 위해 1편의 팔로워들에게 2편 공개 임박 소식을 전하며 어디서 첫 라이브스트림을 볼 수 있는지 널리 알려달라고 요청했다.

〈플랜데믹 2〉는 2020년 8월 18일 금요일 영국의 팟캐스트와 동영상 스트리밍 플랫폼인 런던 리얼에서 세계 최초로 공개될 예정이었다. 공개일 며칠 전부터 런던 리얼의 라이브스트림 예정 소식이 모든 주요 소셜 미디어에 퍼지면서 수천 건의 '좋아요'를 받았다. 그러나 동영상 공개 임박 소식은 〈플랜데믹〉 비판자들에게도 즉시 전해졌고 이에 따라 트롤들도 곧바로 공격 준비에 나섰다. 라이브스트림이 시작되기 몇 시간 전, 런던 리얼 측이 〈플랜데믹 2〉 제작팀 앞으로 다음과 같은 이메일을 보냈다.

제목: DOS 공격

현재 우리는 무차별적인 서비스 거부 공격을 받고 있습니다. 첨부된 기록을 보십시오. 누군가 우리 사이트의 접근을 방해하려 하고 있습니다. 다행히 우리가 공격을 막아내고 있습니다. 하지만 이 공격은 그들이 이 동영상의 공개를 막기 위해 모든 수단을 동원할 작정이라는 사실을 여실히 보여줍니다.

런던

8월 18일 현지 시간 오후 7시 30분

런던 리얼의 설립자인 브라이언 로즈가 라이브스트림을 진행했다. "〈플랜데믹 2〉의 세계 최초 라이브스트림에 들어오신 것을 환영합니다. 이 동영상은 여러분이 보는 다큐멘터리 중에서 가장 중요한 작품이 될 것입니다." 첫 공개는 아무 문제 없이 잘 진행되었다. 〈플랜데믹 2〉는 다큐멘터리 부문에서 순 시청자 (unique viewers) 수 190만 명 이상으로 라이브스트림 세계 기록을 세웠다. 또 이 동영상은 공개 첫날 런던 리얼에서만 400만 건 이상의 조회 수를 기록했다.

라이브스트림이 끝나자마자 제작팀은 이 동영상을 여러 플랫폼에 올렸다. 그들은 1편의 경우처럼 소셜 미디어가 검열의 망치를 내려치는 것이 시간문제라는 사실을 알고 있었다. 다만 그 시간이 그토록 빠를 줄은 예상하지 못했다.

〈플랜데믹 2〉의 첫 공개가 끝나기도 전에 페이스북은 라이브스트림을 차단했다. 비판자들은 벌써부터 그 내용이 허위로 판명되었다고 주장했다. 하지만 단 한 건도 부정확한 내용을 지적할 수 없었던 그들은 성의 없고 짤막한 평에 의존했다.

NBC 뉴스: "따분하다."
폴리팩트: "하품 난다."
버즈피드 뉴스: "대실패작."

그러나 진짜 실패한 것은 이 동영상을 시청하고 널리 퍼 나르는 현상을 막으려던 그들의 시도였다. 첫날에만 런던 리얼의 라이브스트림 링크는 30만 건 이상 공유되었다.

윌리스는 1편과 달리 〈플랜데믹 2〉에서는 마스크 착용이나 사회적 거리 두기, 또는 백신의 안전성이나 효과와 관련된 모든 논란 등 뜨거운 쟁점을 직접 다루지 않았다. 따라서 이번에는 비판자들이 정보 자체에서 꼬투리를 잡아야 했다.

대다수 기자들이 〈플랜데믹 2〉에서 다룬 정보를 정밀히 따져볼 성의도 없었던 듯하다. 마틴 박사의 주장을 공격한 소수의 기자들은 종종 특허 내용을 잘못 읽거나 중요한 세부 사항을 오해하는 등 중대한 실수를 범했다. 특허 전문 변호사들도 잘 이해하지 못했다. 제작팀에 자세한 설명을 요구하는 사람도 많았다. 마틴 박사는 기꺼이 그들의 의문을 풀어주려고 최선을 다했다.

윌리스는 "마틴 박사는 팩트체커나 비판자들과 소통하려 했다"라고 설명했다. "그가 주고받은 모든 이메일은 내게도 전달되었다. 나는 매일 아침 잠에서 깨면 곧바로 마틴 박사가 전날 누구와 토론했는지 확인했다. 그는 다음과 같은 이메일로 정중하고 진정성 있게 그들을 토론에 초대했다.

담당자님께

〈플랜데믹 2〉를 취재해주셔서 감사합니다.

그러나 주요 사항에서 일부 오해가 있는 듯합니다. 이해를 돕기 위해 해당 사항의 출처 문헌을 첨부합니다. 다른 의문이 있으면 언제든 연락 주십시오. 검토하신 후 올바른 사실로 공개 수정해주기를 부탁합니다. 감사합니다.

'플랜데믹' 제작팀 드림

윌리스는 이렇게 덧붙였다. "그 이메일에 회신할 정도로 자신 있는 사람은 소수에 불과했다. 팩트체커들이 가짜 논문이나 연구 결과를 보여주는 링크를 비판의 근거로 제시하면 마틴 박사는 그들의 증거가 근거 없다는 점을 확실히 지적해주었다. 그러면 그들은 더 이상 회신하지 않고 그냥 사라졌다. 자신의 주장을 공개적으로 철회하거나 오류를 인정할 정도로 정직한 비판자는 한 명도 없었다."

제9장
진실을 찾아서

사고의 자유 없이는 지혜가 있을 수 없으며, 언론의 자유 없이는 공공의 자유가 있을 수 없다. — 벤저민 프랭클린

그 시점에도 팬데믹의 기세는 꺾이지 않았다. 그 뒤 6개월 동안 코로나19 사망자 수가 크게 늘면서 좌절과 분노, 두려움이 미국 전역을 휩쓸었다. 게다가 전례 없는 정치적 혼란으로 미국 사회는 끓어올랐다. 일부 미국인은 2021년 1월 20일 조 바이든 대통령과 카멀라 해리스 부통령의 취임이 새로운 시대를 열 것으로 생각했다. 그러나 바이든 대통령은 집무 첫날부터 미국 국민에게 과도한 낙관론을 경계하라고 당부했다. 코로나19의 또 다른 유행이 진행 중이었다. 미국 국민들은 록다운, 마스크 착용

의무화 등 팬데믹의 비현실적인 고통을 계속 참아야 했다.

2020년의 대부분 동안 터널 끝의 불빛을 찾던 사람들은 '백신'만이 해결책이라고 외쳤다. 일반적으로 백신 개발에는 수년이 걸리지만 선거를 앞둔 도널드 트럼프 대통령은 '초고속 작전(Operation Warp Speed)'을 내세워 몇 달 안에 효과 좋은 코로나19 백신을 개발하도록 독려했다.

2020년 12월 매사추세츠주에 본부를 둔 제약 회사 모더나가 개발한 백신이 FDA의 배포 승인을 받았다(모더나 제품이 FDA의 승인을 받은 것은 그것이 처음이었다). 화이자가 그 뒤를 이었고, 존슨&존슨(얀센)과 아스트라제네카 백신도 곧이어 배포되었다. 그러나 백신 출시는 해결책이 되기는커녕 다른 코로나19 대응책과 마찬가지로 비효율성과 논쟁, 명백한 오류의 늪에 빠졌다.

마틴 박사는 2020년 1월 인터뷰에서 이렇게 설명했다.

"문제는 어드밴스드 테크놀로지 인터내셔널(ATI)이라는 미국의 방위 산업체가 백신 배포의 공식 주관사라는 사실입니다. 사람들은 바로 눈앞에 보이는 사실에는 신경을 잘 쓰지 않죠. 이 문제는 누구나 뻔히 알 수 있었지만 희한하게 아무도 몰랐어요. 그들이 어떤 일을 하고 있는지는 전혀 비밀이 아닙니다.

ATI는 사우스캐롤라이나주에 있는 회사로, 원래 정부의 선전과 역정보 관리를 담당하는 정부 계약 업체입니다. 그런 회사가 코로나19 백신을 개발하고 배포하는 '초고속 작전'의 실행까지

도맡았어요. 한번 생각해보세요. 국방부에 역정보 및 선전 관리 서비스를 제공하는 회사에 백신 관리와 배포를 맡기는 일이 과연 타당한가요? 그 분야의 경험은 물론이고, 인프라도 없는 것이 당연하지 않은가요? 누가 봐도 그렇습니다."

백신 배포에 그 같은 문제가 없었다 하더라도 또 다른 장애물이 있었다. 이 역시 정부 관리들에게는 놀랄 일이 아니었다. 방역과 치료의 최전선에서 일하는 의료진이었다. 오랫동안 고생한 그들은 가장 먼저 백신을 접종받는 것으로 보상받게 되었다. 하지만 그들 중 상당수는 백신 접종을 원치 않았다.

민간 보건 정책 연구 기관인 서고 벤처스에 따르면, 미국 전역에서 조사에 응한 의료진 중 15%는 백신을 접종받지 않겠다고 답했다. 또 다른 조사에서는 백신 접종을 원치 않는 의료진이 최대 50%에 이르렀다.

게다가 흑인들 사이에서 백신에 대한 불신이 만연하고 있었다. 그로 말미암아 초기 백신 접종에서 심각한 불균형이 생겼다. 2020년 12월 시사 주간지 《타임》의 보도에 따르면, 온라인으로 백신 접종을 예약한 35만 명 가운데 흑인이나 히스패닉계는 10%에 불과했다. 미국 전체 인구에서 흑인과 히스패닉계가 차지하는 비중은 30% 이상이다.

그동안 마틴 박사는 온라인 활동을 통해 계속 '백신'의 진정한 성격을 올바로 이해하도록 촉구했다. '백신'의 법적인 정의는

"죽였거나 약화시킨 미생물 또는 그 조각으로 제조된 것으로서 특정 질병에 대한 면역을 생성하도록 개인의 면역 체계를 자극하여 해당 질병으로부터 개인을 보호하는 제품"이다.[1]

그러나 모더나와 화이자의 코로나19 백신은 죽은 것이든 살아 있는 것이든 바이러스의 어떤 조각도 갖고 있지 않다. 대신 메신저 리보핵산(mRNA)으로 구성되어 있다.

mRNA는 인체 세포 안에 있는 DNA의 일부에 정보를 전달하는 유전자 물질로, 세포와 체내에서 단백질 합성을 돕는 역할을 한다. 하지만 모더나와 화이자의 코로나19 백신은 외부에서 만들어진 유전자 물질인 mRNA를 체내에 투입한다. 그 주사를 맞으면 거기에 들어 있는 mRNA가 우리 몸에서 원래의 역할대로 단백질 합성을 유도하지 않고 코로나19 바이러스에서 발견되는 '스파이크 단백질' 조각을 만들도록 세포에 지시한다.

이때 만들어지는 스파이크 단백질은 정의상 '항원'이다. 외부에서 침입한 이물질이라는 뜻이다. 따라서 우리 몸은 그것을 감염이라 생각하고 이를 물리치기 위해 면역 체계를 가동한다. 그 면역 반응으로 생성되는 T세포는 향후의 코로나19 바이러스 감염을 막도록 면역 체계를 준비시킨다. 면역 반응이 끝나면 세포는 효소를 분비해 외부에서 투입된 mRNA를 파괴한다.

이렇게 설명하면 mRNA 백신은 아무런 해가 없는 것처럼 들린다. 그러나 아직은 알 수 없다는 것이 현실이다. mRNA를 사용하는 방식은 이전에 승인된 적이 없는 완전히 새로운 기술이다. 더구나 대규모로 적용된 적이 없기 때문에 장기적인 작용 효과는 전혀 알려지지 않았다.

그 잠재적인 위험성을 세계에 경고하기 위해 온갖 위험을 무릅쓴 내부 폭로자들이 적지 않다. 그중 한 명이 화이자의 부사장을 지낸 마이클 예던 박사다. 다큐멘터리 〈플래닛 록다운〉의 인터뷰 시리즈에서 예던 박사는 이렇게 설명했다.

여러분은 선전과 기만에 능통하도록 훈련받은 사람들에게 휘둘려왔다. (……) 내가 말한 사안들을 확인해보면 모두 다 진실로 판명될 것이다. 그와 달리 만약 정부가 말한 여러 사안 중 하나가 분명히 사실이 아니라는 것을 여러분이 확인한다면 나머지 사안들도 의심해야 마땅하다. 하나 빼고 다른 것들은 전부 다 믿을 이유가 있다고 생각하는가?

우리는 정치인들이 가끔 별 악의 없는 거짓말을 하는 데 아주 익숙해져서 그냥 넘어가는 경우가 많다. 그러나 만약 그들이 뻔히 확인 가능한 것에 대해 거짓말을 하고 몇 달 동안이나 계속 그런다면 (……) 다른 의심스러운 일이 진행 중이라는 것을 의미한다. 그 점은 내가 장담할 수 있다.

나는 지금 mRNA 코로나19 백신과 관련해 뭔가 정말 아주 나쁜 일이 일어나고 있다는 사실을 여러분에게 말하기 위해 인터뷰에 응했다. 여러분이 지금 정신을 차리지 않으면 그 위험에서 벗어날 기회를 영영 놓치게 된다. 이로써 나는 여러분에게 충분히 경고했다고 생각한다.[2]

로버트 멀론 박사는 mRNA 백신 기술의 주요 개발자 중 한 명이며, 백신과 임상 전 연구, 유전자 요법, 생물 방어, 면역학 분야에서 세계 최고 전문가로 꼽힌다. 그런 그가 다음과 같이 미국 정부의 코로나19 백신 접종 프로그램에 반대하고 나서자 과학계는 큰 충격에 빠졌다.

불필요하게 불안을 조장할 생각은 없지만 현재 진행 중인 mRNA 백신 접종은 최악의 시나리오일지 모른다. 접종 효과가 감퇴하는 단계에서 이 백신이 바이러스 복제를 가속화할 수 있기 때문이다. 이를 전문 용어로는 '항체 의존 면역 증강'이라고 부른다. (……) 간단히 말해 백신 접종을 받지 않았을 때보다 바이러스의 감염성이 더 강해진다는 뜻이다. (……) 백신학자들에게는 최악의 악몽이 그것이다.

지금까지 여러 감염병 유행을 겪었지만 이번 같은 상황은 처음이다. (……) 이것은 한마디로 행동 조종이다. 현재 진행 중인 것은 사실상 심리 작전이다. 사람들의 행동을 제어함으로써 이 백신 제품을 받아들이도록 하는 응용 심리 작전이라는 뜻이다. 더구나 이 백신은 이처럼 대규모로 사용된 적이 없는 기술을 바탕으로 개발되었고, 아직 실험 단계에 있다. 지금 나오고 있는 데이터를 보면 이 백신이 전적으로 안전하지는 않다는 사실이 갈수록 확실해지고 있다. (……)

현재 나는 백신 거부자로 취급받으며 허위 정보를 유포한다는 비난을 받고 있지만, 내가 보기에는 정부가 실태의 진상을 애매하게 흐리고 있다. (……) 분명히 말하건대, 나는 백신 거부자가 아니라 백신의 과학을 확신하는 사람이다. 하지만 그와 동시에 나는 안전과 건전한 과학을 추구한다.[3]

2021년 1월 마틴 박사는 나에게 이렇게 말했다. "내가 여러 차례 강조했듯이 mRNA 기술로 만들어진 제품은 백신이 아닙니다. 엄밀히 말하자면 기만적인 의료 행위 아래 시판되는 유전자 요법이라고 할 수 있죠. 현재 백신으로 통용되고 있지만 법적인 정의에 따르면, 이 제품은 백신과 아무 상관이 없어요. 법률상으로 백신은 자체적으로 면역을 활성화하고 병원체의 전염을 막아야 하는데 이 유전자 요법은 그런 역할을 하지 않거든요."

그렇다면 그것을 왜 백신이라고 부를까? 마틴 박사는 '백신'이라는 용어를 갖다 붙인 이유가 뻔하다고 설명했다. "이를 두고 유전자 요법이나 화학 요법이라고 하면 사람들이 겁을 먹기 쉬워요. 하지만 그렇다고 이를 백신이라고 부르면서 공공의 혜택이 있다고 여기도록 사람들을 오도한다면 그것은 수많은 사람을 의도적으로 속이는 행위입니다."

그뿐 아니라 코로나19 바이러스가 처음 어디서 나왔는지 그 기원에 대한 진실 규명도 흐지부지되었다. WHO는 2020년 2월 코로나19 바이러스의 기원 조사에 관한 첫 논의를 시작했다. 그러다가 그해 7월 WHO는 이렇게 발표했다. "우리는 중국 정부와 함께 코로나19 바이러스의 기원을 추적하는 작업에 도움이 되는 연구를 설계하고 지원하고 실행하기 위한 국제 합동팀을 꾸리고 있다."[4]

처음부터 중국이 발원지로 주목받았다. 팬데믹이 그곳에서 촉발되었다는 것은 의심할 여지가 없기 때문이다. 모두 알다시피 우한이 그 진원지다. 이런 사실이 문제를 복잡하게 만들었다. 중국 공산당은 외부인들의 의도를 의심하고 자신들이 내세우는 진실을 고집하면서, 코로나19 유행이 시작된 이래 그 문제와 관련해 허위 정보를 퍼뜨렸다는 비난을 받았기 때문이다. 중국 정부가 코로나19의 유행 규모와 바이러스의 전염성을 축소하여 발표했다는 주장도 나왔다. 중국에 모든 책임이 있다는 비난이 쏟아졌다.

당연히 중국은 몸을 사리며 방어적으로 나왔다. 마찬가지로 당연히 국제 사회는 철저한 조사를 촉구했다. 2020년 가을이 되자 양측 간에 어느 정도 합의가 이루어진 듯했다. WHO는 중국을 포함한 지역에서 코로나19의 뿌리를 조사하는 구체적인 계획을 발표했다. 다음 해 1월 14일 중국에서 WHO 조사관들의 조사가 시작되었다. 그러나 중국 정부는 처음부터 코로나19 바이러스의 기원 찾기 노력에 찬물을 끼얹었다. 그들은 조사관들에게 중국 측 담당자들과의 '의견 교환'만 허용하고 증거 수집은 안 된다고 선을 그었다.

중국과 WHO는 문제의 바이러스가 우한 바이러스 연구소에서 유출되었을 가능성을 계속 무시했다. 그러나 미국 국무부는 거의 단정적으로 판단하고 다음과 같은 보고서를 발표했다. "중국 공산당이 비밀주의와 정보 통제에 집착하는 바람에 중국과 전 세계의 공중 보건이 위태로워지고 있다. 첨부된 실태 자료에 처음 공개되는 정보와 여러 개방된 출처에서 취합한 정보를 바탕으로 판단할 때 코로나19의 기원에 관한 다음 세 가지 사항이 더욱 철저히 조사되어야 할 것이다."[5]

미국 국무부는 그 첫 번째로 "우한 바이러스 연구소 내부에서 발생한 질병"을 지적했다. 첨부된 자료는 "코로나19의 공식적인 첫 확진자가 나오기 전인 2019년 가을 우한 바이러스 연구소의 직원 여러 명이 병에 걸렸다. 증상은 코로나19나 일반 감기 둘 다와 일치했다"라고 밝혔다. 그러나 우한 바이러스 연구소의 신흥감염병센터장인 스정리 박사는 팬데믹 이전에 연구소에서 감염된 직원이나 학생은 없다고 주장했다.

미국 국무부는 전례가 있다는 점을 상기시켰다. 실제로 중국의 실험실에서 감염으로 이어진 여러 건의 보안 실패 사례가 있었다. 보고서는 "2004년 베이징에서 사스 감염으로 아홉 명이 감염되고, 한 명이 사망한 것이 한 사례"라고 지적했다.

둘째, 우한 바이러스 연구소는 2016년부터 2020년까지 박쥐가 숙주인 코로나바이러스 연구에 집중했다. 미국 국무부 보고서는 이 사실이 중대한 의미를 갖는다고 설명했다. 특히 우한 바이러스 연구소가 그런 바이러스를 인간 감염이 가능하도록 개조하는 '기능 획득' 연구를 완료했다는 기록도 있다고 미국 국무부는 지적했다.

셋째는 중국에서 세균전 무기 개발을 위한 연구가 진행되었을 가능성이다. 많은 나라가 너무 두려워하여 고려할 엄두조차 내지 않는 분야다. 미국 국무부 보고서는 이렇게 설명했다. "수년 동안 미국은 중국의 과거 생물 무기 개발에 관해 공개적으로 우려를 표했다. 생물 무기 금지 협약(BWC)에 따르면 생물 무기 개발 관련 기록을 공개하고, 또 그런 무기를 파기했다는 증거를 제시해야 하는데 중국 정부는 그런 의무를 이행하지 않았기 때문이다."

또한 보고서는 "우한 바이러스 연구소가 민간 연구소를 표방하지만 우리는 그 연구소가 중국 인민해방군의 비밀 프로젝트에 참여한 것으로 판단하며, 우한 바이러스 연구소는 최소한 2017

년부터 중국군을 위해 실험실 동물 실험을 포함한 기밀 연구를 실시했다"라고 지적했다. 매우 엄중한 주장이지만 미국 국무부는 중국의 비밀주의와 비공개 전략에도 불구하고 어렵게 얻은 증거가 그 주장을 뒷받침하며, 사실 이조차도 빙산의 일각에 불과하다고 덧붙였다.

이에 더해 미국 국무부 보고서는 중국 정부의 투명성을 계속 지켜보겠다며 세 가지 요구 사항을 제시했다.

첫째, 보고서는 "독립적인 언론인, WHO 조사관, 외국 보건 당국이 2019년 가을에 병이 난 것으로 알려진 우한 바이러스 연구소 연구원들을 포함한 관계자들을 면담하려 했지만 중국 공산당이 이를 막았다"는 점을 지적하며 "코로나19의 기원에 대해 믿을 만한 조사가 이루어지려면 그들의 면담이 반드시 실시되어야 하며, 보고되지 않은 그들의 이전 증상에 대한 철저한 조사도 반드시 필요하다"라고 강조했다.

둘째, 보고서는 "우한 바이러스 연구소가 코로나19 유행이 시작되기 이전에 실시했던, 박쥐 등을 대상으로 한 코로나바이러스 연구 기록을 WHO 조사관들이 열람할 수 있도록 해야 한다"라고 촉구했다. "철저한 조사를 위해서는 우한 바이러스 연구소가 RaTG13과 일부 다른 바이러스에 대한 연구 기록을 온라인에서 수정했다가 다시 삭제한 이유를 조사관들에게 정확히 밝혀야 한다."

셋째, 보고서는 "우한 바이러스 연구소의 민간 연구에 재정 지원을 했거나 협력한 국가(미국 포함)나 기관은 연구 지원금이 중국군의 비밀 프로젝트에 사용되었는지 여부를 확인할 권리와 의무를 갖는다"라고 밝혔다.

그러면서 미국 국무부 보고서는 이런 약속으로 보고서를 마무리 지었다. "세계적으로 코로나19 팬데믹에 맞선 힘겨운 싸움이 계속되는 가운데, WHO 조사관들이 1년 이상의 지연 끝에 드디어 조사를 시작했지만 코로나19 바이러스의 기원은 여전히 불확실하다. 미국은 중국 당국에 투명성을 계속 요구하는 것을 포함해, 믿을 만하고 철저한 조사를 지원하기 위해 필요한 모든 수단을 동원하여 최선을 다할 것이다."

그러나 무엇보다 다음 사실이 중요하다. 이 보고서는 공개된 지 일주일도 채 안 되어 미국 국무부 홈페이지에서 사라졌다. 그렇다면 흔히 좋게 말해 '정보 관리'를 추구하는 경향을 가진 쪽은 중국만이 아닌 게 확실하지 않은가?

마틴 박사는 팬데믹을 종식시켜 인명을 구하고 민주주의를 회복하려면 투명성과 정보 공유가 필수적이라고 믿는다. 그는 2021년 1월 인터뷰에서 "나는 지금까지 누구나 접근할 수 있는 정보를 모든 사람에게 공개하려고 최선을 다했습니다"라고 말했다.

"사람들은 내가 하는 일을 거대한 공공 서비스나 공익사업이라고 말합니다. 하지만 그렇게 대단한 일이 아니에요. 시민으로서의 책임과 의무일 뿐입니다. 시민이라면 응당 이런 일에 신경을 써야 합니다. 내가 줄곧 강조해온 사실은 지금 우리 대다수가 민주 사회의 시민으로서 마땅히 수행해야 할 책임과 의무를 저버리고 있다는 겁니다.

예를 들어 흔히 우리는 이슈가 되는 사안의 원전 문서를 찾아보기보다 소셜 미디어를 확인하죠. 소셜 미디어에서 특정인을 팔로우하는 사람들 쪽에 합류하면 우리의 지능과 탐구력을 포기해야 합니다. 그런 팔로워가 되면 우리는 나 말고 내가 팔로우하는 누군가가 내부 사정을 더 정확히 파악하고 있다고 추정하면서 그 사람의 말을 믿게 됩니다.

내가 진정으로 바라는 바는 일반인들이 자신의 지능과 탐구력을 최대한 발휘해야 한다는 점을 깨닫도록 하는 겁니다. 〈플랜데믹〉에 내가 참여한 이유도 그 때문입니다.

스페인은 아주 특이하게도 문해력이 민주주의의 필수 조건이라고 헌법에 명시하고 있어요. 여기서 말하는 '문해력'은 예를 들어 트위터에 올라온 글을 읽을 수 있는 능력만을 말하는 게 아니라 독자적으로 질문을 구상하고 가설을 세우며 그 가설이 맞는지 확인하기 위해 정보를 찾아볼 수 있는 능력을 두루 포함합니다."

마틴 박사는 마지막으로 이렇게 강조했다. "우리 민주주의는 우리가 그런 문해력을 배양할 때만 살아남을 것입니다."

나는 미코비츠 박사에게도 더 할 말이 없는지 물었다. 그녀는 이렇게 답했다.

2018년 9월 애리조나주 피닉스에서 강연할 때였어요. 강연을 마쳤을 때 누군가 나에게 "달리 하고 싶은 말은 없나요?"라고 물었어요. 나는 백신 부작용으로 피해를 입은 자녀와 함께 앉아 있는 부모들의 고통스러운 표정을 바라보았어요.

그리고 이렇게 말했죠. "나도 문제의 일부였습니다. 나 역시 아무 잘못도 없는 수많은 사람들, 무고한 어린이들에게 피해를 끼친 시스템의 일부였습니다." 그래서 나는 그 대가를 치렀어요. 내가 더 이상 그들과 함께하기를 거부하면서 지난 10년 동안 나는 표적 공격을 당했고 협박을 받았어요. 집도 잃고 노후 대비 저축도 잃었습니다. 내 얼굴에 먹칠을 당했고, 내 이름과 평판은 땅에 떨어졌죠. 하지만 그 기간이 내 생애 최고의 시절이었어요.

과거에 나는 실험실에 숨어 지내는 사람이라고 스스로 생각했어요. 나는 과학에 푹 빠진 괴짜였으니까요. 내가 이런 강연으로 먹고살 거라곤 상상도 하지 못했죠. 또 내 이야기가 나 스스로에게도 약이 되리라고는 생각조차 못 했어요.

누구든 용기를 내어 진실을 말하면 존중받아요. 나도 여러

면에서 사랑과 존중을 받고 있어요. 이루 다 말할 수 없을 정도입니다. 우리는 이 상황을 충분히 극복할 수 있습니다. 나를 보세요. 우리가 승리할 수 있다는 것을 보여주는 증거가 바로 나입니다. 용기는 전염성이 강하거든요.

여러분이 의사로서 '무엇보다 사람들에게 해를 끼치지 말라'는 선서를 위반했다는 사실을 방금 깨달았다면, 또는 부모로서 자녀에게 백신을 접종시켜 아이가 피해를 입었다면, 이 순간 여러분이 할 수 있는 최선의 선택은 아무리 고통스러워도 실수를 정직하게 인정하고 자신을 용서하는 것입니다.

여러분은 과학이 하라는 대로 했을 뿐입니다. 배우고 지시받은 대로 모든 것을 했을 뿐이에요. 그에 대한 책임은 당연히 져야 하죠. 하지만 수치심은 버려야 합니다. 수치를 당해야 할 사람은 당신이 아니라 다른 곳에 있기 때문이죠. 나는 나 자신을 용서했습니다. 여러분도 그러기를 진심으로 바랍니다.

공포가 바이러스,
진실이 치료제!

땅의 지혜에 굴복한다면 우리도 나무처럼 뿌리를 내리고 자라날 수 있을 텐데. — 라이너 마리아 릴케

이 책을 쓰기 시작한 이래 평화롭게 통합된 나라로서의 미국은 더욱더 멀어진 듯하다. 대선에서 트럼프 대통령이 패하고 정권이 바뀌어도 우리의 기대와 달리(조 바이든을 찍은 사람으로서 하는 말이다) 미국을 휩쓰는 거대한 분열의 물결은 좀처럼 가라앉지 않았다. 아니, 2020년 대선 결과는 오히려 분열을 더욱 부추겼을 뿐이다.

공화당 지지자들 중 다수는 트럼프가 패한 것으로 나온 선거 결과에 의문을 드러냈다. 반전의 희망을 버리지 못한 트럼프 지

지자들은 2021년 1월 6일 상·하원 합동 회의에서 실시된 선거인단 투표의 개표에 마지막 기대를 걸었다. 그날 트럼프 지지자 수천 명이 자신들의 목소리를 내기 위해 수도 워싱턴 DC로 모여들었다.

그들은 국민으로서 가진 의지를 표명하는 시위를 벌인다는 명분을 내세웠다. 선거인단 투표가 트럼프 지지자들의 마지막 보루였다. 그러나 평화의 시위가 걷잡을 수 없이 격렬해지면서 결국 의사당 난입과 점거 사태로 번져나갔다. 미국 국민 다수가 그랬듯이 나도 그날의 사태를 지켜보며 불길한 생각을 떨칠 수 없었다. 무엇보다 시위 현장에 윌리스가 있는 것을 보고 놀라움을 금하지 못했다.

《뉴욕 타임스》는 온라인판에 그 아수라장 한가운데 있는 윌리스의 사진을 올리며 "그가 의사당 점거에 동참했다"라고 주장했다. 또 그를 "코로나바이러스에 관한 거짓말로 가득한 인기 동영상을 만든 다큐멘터리 감독"이라고 소개했다. 나는 적어도 그 소개 부분만은 완전히 틀린 설명이라는 것을 알았기에 그 끔찍한 의회 점거 사건에 윌리스가 참여한 진짜 이유가 못내 궁금했다. 최소한 그에게 해명할 기회는 주고 싶어 마지막 인터뷰를 요청했다.

이 책을 마무리하는 동안 윌리스로부터 연락이 왔다. 그는 자신이 '폭도'로 낙인찍혔다는 사실에 무안함과 억울함을 느끼는 듯했다(어찌 보면 그에게는 그런 낙인이 처음도 아니어서 그리 놀라운 일이 아니지 않은가?). 아무튼 그는 그때 어떤 일이 있었고, 왜 그 자리에 있었는지 나를 통해 처음으로 밝힐 수 있어 다행이라고 생각하는 듯했다.

윌리스는 "'건강의 자유'라는 행사에 연사로 초청받았다"라고 운을 뗐다. 그는 팬데믹 방역 조치인 록다운의 효과에 관한 다큐멘터리를 제작하기 위해 워싱턴 DC에서 인터뷰가 예정된 상태였기 때문에 마침 잘됐다고 생각했다. 행사 주관 측은 그에게 초청된 연사들의 명단이 인쇄된 전단지를 보냈다. 평소 존경하는 의사들과 건강 전문가들의 이름이 나열된 것을 본 그는 흔쾌히 초청을 수락했다.

워싱턴 DC로 출발하기 하루 전, 윌리스는 수정된 행사 전단지를 받았다. 그는 전단지 윗부분을 가로지르는 커다란 알파벳 MAGA('미국을 다시 위대하게'라는 뜻의 트럼프 선거 구호 머리글자)를 보고 깜짝 놀랐다. 게다가 트럼프의 측근인 로저 스톤의 이름이 연사 명단에 추가되어 있었다. 윌리스는 스톤이 어떤 사람인지 잘 몰랐지만, MAGA 로고와 함께 그가 등장한다는 사실은 행사 주제와 관련해 민주당과 공화당 사이의 가교 역할을 하려는 자신의 의도와 맞지 않는다는 생각이 들었다.

윌리스는 이렇게 말했다. "나는 좌익의 분위기에서 태어나고 자랐기 때문에 진보주의를 내세우는 사람들과 쉽게 공감할 수 있지만 민주당의 몇 가지 새로운 이념에는 상당한 불편함을 느낀다. 다른 한편으로 나는 가족과 자유의 가치를 중시하기 때문에 보수주의를 내세우는 사람들 중 다수와도 쉽게 공감할 수 있다. 따라서 진보냐 보수냐, 민주당이냐 공화당이냐 둘 중 하나만 선택하기가 어렵다. 그런 점에서 나는 정치적인 고아다. 사실 그런 사람이 적지 않다."

윌리스는 행사를 눈앞에 두고 프로그램이 수정되었다는 사실이 마음에 걸려 주최 측에 우려를 나타냈다. 그는 "이전에도 '건강의 자유' 행사에서 연설했기 때문에 주최 측이 좋은 사람들이라는 걸 알고 있었다"라고 말했다. 그들은 MAGA라는 로고를 사용한 것은 트럼프 지지자들의 워싱턴 DC 행진 시위에 참석하는 사람들의 시선을 끌어 '건강의 자유' 행사에 많이 참석하도록 유도하려는 의도였다고 해명했다. 그 이야기를 들은 윌리스는 그처럼 민감한 시점에 트럼프의 측근인 로저 스톤이 연사로 나선다면 '건강의 자유'처럼 보편적으로 중요한 이슈를 위해 초청을 수락한 연사들의 입장이 난처해질 수 있다고 지적했다.

실제로 그런 불만을 토로한 연사는 윌리스만이 아니었다. 그의 친구인 델 빅트리도 우려를 표했다. 빅트리는 백신에 관한 의식 제고에 초점을 맞추는 인기 온라인 대담 프로그램 하이와이어의 진행자다. 윌리스는 주최 측에 "방금 빅트리와 통화했는데 그 역시 이 막판 변경 사항에 문제를 제기했다"라고 전했다.

그러자 주최 측은 즉시 MAGA 전단지 배포를 중단하겠다며 행사장 무대에는 '건강의 자유' 로고만 사용하겠다고 약속했다. 윌리스는 또 다른 경로를 통해 로저 스톤이 행사에 참석하지 않을 것이라는 이야기도 들었다. 상황이 그렇게 돌아가고, 항공료와 숙박비도 이미 지불한 상태였기 때문에 윌리스와 빅트리는 예정대로 행사에서 연설을 하기로 했다.

윌리스는 당시의 일을 다음과 같이 자세히 설명했다.

"언론이 끝까지 밝히지 않은 한 가지 중요한 사실이 있다. 2021년 1월 6일 워싱턴 DC에 집결한 사람들이 '대통령직 도둑질을 막아라'라고 외친 트럼프 지지자들만 있는 것이 아니었다는 사실 말이다. 다수는 장기화된 록다운, 백신 접종 의무화, 시민의 자유 침해에 평화롭게 항의하기 위해 그곳에 모였다. 내가 그곳에 간 것도 그 때문이다. 다른 이유가 없다. 따라서 나는 선거 결과에 불복하는 트럼프 지지자의 시위와 행진에는 참석하지 않았다.

그날 아침 나는 호텔 방에서 연설 원고를 준비하며 원래 우리의 프로젝트인 다큐멘터리 제작을 위해 함께 간 케러시와 세라에게 거리에 나가 일반 시민의 인터뷰를 따오라고 지시했다. 이민자와 유색인들의 견해를 듣고 싶었기 때문이다. 대부분의 언론이 나쁜 소식과 나쁜 사람들에만 초점을 맞춘다는 점을 고려해 나는 좋은 사람들, 특히 미국으로 이민 온 사람들의 희망적인 이야기를 담고 싶었다.

　나의 목표는 미국인들에게 이처럼 다양하고 진보적인 국가에 살고 있다는 사실이 얼마나 다행인지 상기시키는 단편 다큐멘터리를 제작하는 것이었다. 점심때쯤 나는 '건강의 자유' 행사장으로 향했다. 케러시와 세라는 이미 그곳에서 촬영 중이었다.

　무대 뒤에서 주최 측과 이야기를 나누고 있을 때 누군가 내 귀에 대고 속삭였다. '의사당 난입 점거 사태가 벌어졌어요.' 의사당은 행사장에서 몇 블록 떨어져 있지 않았다. 나는 케러시와 세라에게 의사당으로 가서 그 말이 사실인지 확인하도록 했다. 그들이 급히 떠났다. 약 30분 뒤 멀리서 사이렌 소리가 들렸다. 나는 무전기로 케러시와 세라에게 연락을 시도했지만 응답이 없었다. 사이렌 소리가 더 커졌다. 걱정되기 시작했다. 나는 주최 측에 우리 팀의 안전을 확인해야 하기 때문에 나의 연설 차례를 뒤로 미뤄달라고 요청했다. 그러고는 의사당이 아수라장이 되었을 것이라 생각하고 그쪽으로 달려갔다.

　나는 의사당에 가본 적이 없어서 내가 당도한 곳이 뒷문 쪽인지 몰랐다. 내가 예상했던 혼란은 앞쪽에서 벌어지고 있었다. 하지만 뒤쪽은 상황이 아주 달랐다. 모두가 미소를 지으며 성조기를 흔들고 휴대전화로 사진을 찍었다. 아기를 안거나 유모차를 끄는 가족도 있었다. 내가 생각했던 것보다 훨씬 다양한 부류의 사람들이 모여 있었다. 나는 다시 무전기로 우리 팀을 호출했다.

이번에도 아무 응답이 없었다.

경찰은 의사당 뒷문으로 올라가는 계단 가까이 바리케이드를 치고 군중의 접근을 막았다. 경찰과 시민들이 바리케이드를 사이에 둔 채 말을 주고받았다. 나도 그들이 무슨 말을 하는지 들어보려고 바리케이드 앞으로 다가갔다. 다양한 부류의 사람들이 경찰에게 진심 어린 하소연을 하고 있었다. '록다운 때문에 못 살겠다. (……) 가게를 폐업할 수밖에 없는 지경이다. (……) 돈이 없어서 아이들을 먹일 수도 없다. (……) 우리는 여러분의 적이 아니다.'

한 남자는 '우리는 여러분을 사랑한다. 여러분을 사랑한다. 우리에겐 여러분을 향한 사랑밖에 없다'는 말을 계속 되풀이했다. 또 다른 남자는 침착하면서도 열정적으로 '다른 시위자들은 의사당 계단에 올라서서 의원들과 국민들에게 자기 목소리가 들리도록 외치는데 왜 우리는 계단에 못 올라가게 하느냐? 이건 옳지 않다. 우리는 세금을 다 내고 있다. 따라서 우리도 존중받을 권리가 있다'고 말했다.

갑자기 경찰이 이어폰으로 지시를 받은 듯 바리케이드를 치우고 군중이 계단에 올라갈 수 있도록 허용했다. 나는 울컥했다. 사람들이 폭력이 아닌 목소리만으로 진정성 있는 호소를 전하고, 또 그 호소가 평화롭고 긍정적인 결과로 이어지는 장면이 너무 감동적이었다. 나도 계단으로 올라갔다. 그때 내 휴대전화가 울렸다. '건강의 자유' 행사 진행자였다. 그는 다음이 나의 연설 차례이니 빨리 돌아오라고 재촉했다.

나는 황급히 행사장으로 돌아갔다. 조금 전의 감동이 계속 남아 있어서 연설의 서두를 이렇게 꺼냈다. '내가 숨이 찬 것은 조금 전에 의사당 뒤편에서 감동적인 장면을 목격했기 때문입니다. 우리의 자랑스러운 애국자들이 폭동 진압 경찰을 평화롭게 밀어젖히고 나아갔습니다. 이 모든 일이 너무나 평화롭게 이뤄졌습니다.'

돌이켜보면 '밀어젖히다'라는 표현을 쓴 것이 후회스럽다. 분명히 말하지만, 나는 어떤 물리적인 밀어붙임도 보지 못했기 때문이다. 나는 사람들이 춥고 힘든 날을 밀어냈다는 의미로 별생각 없이 그렇게 표현했을 뿐이다. 내가 연설에서 한 말 중에 논란을 일으킨 또 다른 단어는 '애국자'였다. 하지만 그 단어를 사용한 것에 대해서는 아무런 후회가 없다. 조국을 사랑하는 국민이 애국자가 아닌가? 나는 내 조국을 사랑한다. 누구라도 나의 그런 권리를 빼앗는 것을 절대 허용하지 않겠다.

나는 세계 여러 곳을 다니며 가장 좋은 것과 가장 나쁜 것을 두루 다 봤다. 물론 미국도 끔찍한 과거를 가졌고, 지금도 즉각적인 노력이 필요한 문제가 많다. 하지만 솔직히 말해 치욕 주기와 증오로 우리 앞에 놓인 현안을 해결할 수 있다고 믿는 사람은 우리 가운데 아무도 없다. 바로 그런 에너지 덕분에 우리는 지금까지 올 수 있었다. 그런 사실을 올바로 아는 것이 과거의 상처를 치유하는 첫걸음이다.

연설하는 동안 멀리서 들리던 사이렌 소리가 더 커졌다. 연설에 집중하기가 어려웠다. 연설이 끝나자마자 나는 그 자리를 박차고 나가 다시 의사당 뒤쪽으로 뛰어갔다. 그때까지도 그곳에 있던 사람들 모두가 쾌활한 것을 보고 마음이 놓였다.

나는 한 나이 많은 아시아계 여성에게 상황이 어떻게 돌아가는지 물었다. 그녀가 환한 미소를 지으며 '경찰이 사람들을 의사당 안으로 들여보내고 있어요'라고 말했다. 나는 고맙다고 한 뒤 계단으로 올라갔다. 중간쯤 올라가서 주위를 둘러봤다. 케러시와 세라는 여전히 보이지 않았다.

또다시 무전기로 그들을 호출했지만 역시 응답이 없었다. 나는 의사당 뒷문으로 다가갔다. 정말 경찰이 사람들의 출입을 허용하고 있었다. 그러나 여기서는 군중의 감정이 엇갈렸다. 어떤 사람은 미소를 띠고, 어떤 사람은 얼굴을 찌푸렸다. 한 나이 많은 여성은 울고 있었다.

이전처럼 경찰은 군중과 대화하고 있었다. 나는 그들이 무슨 말을 하는지 듣기 위해 가까이 다가갔다. 그때 뒷문 창이 깨진 것이 눈에 들어왔다. 어느 정도의 물리력이 사용되었다는 첫 증거였다.

경찰과 군중의 대화는 평화롭기도 하고 선동적이기도 했다.

연설 전에 계단 아래서 봤던 남자는 계단 위 뒷문 앞에서도 '우리는 여러분을 사랑한다'는 말을 되풀이하고 있었다. 뒤쪽에 있던 다른 한 남자는 '시간이 다 되었다. 비켜라!'라고 외쳤다. 경찰에게 하는 말인지, 다른 사람들의 의사당 진입을 가로막고 있는 군중에게 하는 말인지 분명치 않았다. 나는 우리 팀이 의사당 안에 있는지 확인하고 싶었기 때문에 그처럼 분위기가 긴장되는 상황에서도 그 자리에 계속 있었다. 그곳에서 나는 휴대전화로 주변을 촬영했다.

그때 두 남자가 뒤에서 사람들을 떠밀기 시작했다. 나는 '이봐요, 이봐요. 그러지 마세요. 안 돼요, 안 돼!'라고 소리쳤다. 그러자 그들이 떠밀기를 멈췄다. 흥분이 약간 가라앉는 순간, 군중이 구호를 외치기 시작했다. 동시에 내 이어폰에서 무전기의 잡음이 크게 들렸다. 구호를 알아듣기 어려웠다. 나중에야 그 구호가 '마이크 펜스를 목매달아라'였다는 것을 깨달았다." (트럼프 지지자들은 상원 의장을 겸하고 있는 펜스 부통령이 선거인단 투표 결과를 보고 조 바이든의 대선 승리를 인증하기 위한 상·하원 합동 회의를 주재한 것에 분노했다-옮긴이)

언론에서 알려진 것과 달리 나는 그 구호를 외치는 데 동참하지 않았다. 다행히 그동안 내내 나를 찍은 카메라가 있었기 때문에 얼마든지 그 증거를 찾을 수 있다. 나는 오랫동안 사회 운동에 참여한 경험 덕분에 어떤 행동이 먹히고 어떤 행동이 역효과를 부르는지 잘 안다. 이런 식의 구호나 급진적인 행동은 되레 반발만 살 뿐이다.

또다시 그 두 남자가 뒤에서 사람들을 떠밀기 시작했다. 이번에는 경찰이 최루 스프레이로 대응했다. 나도 눈과 입에 최루액을 맞았다. 앞을 볼 수 없어 손으로 더듬으며 그곳을 벗어나 계단에 주저앉았다. 친절한 사람들이 눈을 씻으라며 내게 생수를 건넸다.

앞을 다시 볼 수 있게 된 나는 일어서서 그 상황을 영상으로 남기기 위해 휴대전화 카메라로 현장을 찍기 시작했다. 그런 상황에서는 반드시 영상으로 기록을 남겨야 한다는 것을 경험으로 배웠기 때문이다. 혼란스러운 일에 휘말리면 어떤 상황이 어떻게 벌어지고 그 순서가 어떠했는지 기억이 잘 나지 않는다. 그럴 경우 정확한 순서에 따른 다큐멘터리의 편집이 어렵다.

내가 동영상을 녹화하고 있을 때 비디오카메라를 든 남자가 숨어서 나를 찍고 있었다. 프로 카메라맨처럼 보이지 않아 대수롭지 않게 여기고 그냥 넘겼다. 하지만 나중에 알고 보니 그는 《뉴욕 타임스》 영상 제작자였다. 몰래 나를 촬영하는 임무를 받은 게 분명했다.

그는 영상을 녹화하는 나를 찍었다. 며칠 뒤에 안 사실이지만, 그들은 앞뒤 맥락을 잘라내고 한 장면을 사용해 마치 내가 폭력에 찬동하는 것처럼 보이도록 만들었다.

내가 아직도 얼굴에 맞은 최루액 때문에 힘들어 하며 계단 위에 서 있는 동안 내 전화기가 울렸다. 우리 팀의 세라와 케러시였다. 그들은 안전하며 행사장 무대 뒤에서 기다리고 있다고 했다. 나는 한숨을 돌리고 서둘러 행사장으로 돌아가 그들과 합류했다. 그런 다음 함께 호텔로 돌아갔다. 호텔 로비는 사람들로 붐볐다. 긴장이 감돌았다. 그때 우리는 의사당 앞쪽에서 대규모 폭력 사태가 벌어졌고, 한 여성이 목숨을 잃었다는 사실을 처음 알았다. 당시 호텔 로비에 있던 다른 사람들처럼 우리도 큰 충격을 받았다.

다음 날 우리는 집으로 돌아가 워싱턴 DC에서 따온 인터뷰의 편집 작업에 들어갔다. 1월 8일이 되어서야 나는 일부 매체가 내 이름에 먹칠하기 위해 왜곡된 이야기를 퍼뜨리고 있다는 사실을 알았다. 주류 언론과 소셜 미디어 등 기업형 미디어 선전 제국의 내부를 파헤치면 그런 일을 당하게 마련이다.

나는 미디어 제작 경험이 많기 때문에 그들이 어떤 식으로 행동하는지 잘 알고 있다. 그들은 클릭 횟수나 '좋아요' 또는 정치적 영향력을 얻기 위해 저급한 수단과 방법을 가리지 않는다. 나는 〈플랜데믹 2〉에서 그들이 얼마나 추한 게임으로 사회를 분열시키는지 들추어냈다. 그 때문에 그들은 나를 공격할 기회를 노렸다. 1월 6일 의사당 사건은 그들이 나에게 앙갚음할 절호의 기회였다."

《뉴욕 타임스》는 윌리스에게 그날 의사당 사태 현장에서 무엇을 했는지에 관한 인터뷰를 요청했다. 그들의 의도가 의심스러웠던 윌리스는 서면 인터뷰에만 응하기로 했다. 하지만 그들은 그 역시 왜곡해서 기사로 내보냈다. 다음은 서면 인터뷰 문답 중 한 대목이다.

> 《뉴욕 타임스》: 의사당 안에 실제로 들어갔는가? 거기서 무엇을 했는가?
>
> 윌리스: 아니다. 나는 의사당 안으로 들어갈 수 있었지만 들어가지 않았다. 경찰은 사람들을 여러 문으로 통과시켰다.

이처럼 명확한 답변에도 《뉴욕 타임스》는 2021년 1월 12일자 신문에 이렇게 보도했다. "윌리스는 의사당 건물 안으로 들어갔다. 그러나 그는 페이스북에서 자신은 의사당 깊이 들어가지 않았고 곧바로 나왔다고 말했다."[1]

윌리스는 나에게 이렇게 말했다.

"나는 페이스북에 그렇게 쓴 적이 없다. 의사당은 미국에서 보안 감시가 가장 철저한 곳 중 하나다. 내가 안으로 들어갔다면 분명 CCTV에 찍혔을 것이다. 하지만 그들이 그런 뻔뻔스러운 거짓말을 함으로써 나의 자유와 삶이 위험에 처했다.

《뉴욕 타임스》 같은 부정직한 언론은 자신들의 거짓말이 너무나 뻔한데도 아무렇지 않게 여긴다. 그들은 자신들이 쓴 기사라면 많은 독자가 따져보지도 않고 그냥 믿는다는 사실을 알고 교묘하게 이용한다. 나중에 기사 내용과 다른 진실이 드러나더라도 대다수는 자신들의 첫 판단을 고수하는 경향이 강하다. 바로 그 부정직한 기사 하나 때문에 나를 향한 공격이 마구잡이로 퍼부어졌다.

한 온라인 트롤은 군중이 '마이크 펜스를 목매달아라'라고 외치는 순간, 나의 모습을 스틸 이미지로 따서 올린 뒤 '동영상 〈플랜데믹〉 제작자이자 자생 테러리스트인 미키 윌리스'라는 설명을 달았다. 또 다른 트롤은 내가 그 구호를 선창했다고 주장했다. 그런 터무니없는 거짓이 엄청난 선동 효과를 발휘하면서 나를 향한 대중의 히스테리 반응을 더욱 자극했다.

문제는 거기서 끝난 게 아니었다. 수상쩍은 소셜 미디어 한 곳이 1월 6일 '건강의 자유' 행사에서 내가 한 연설의 동영상을 임의적으로 편집하여 올렸다. 그 연설에서 나는 좌파와 우파를 똑같이 비판했는데, 그들은 흔히 말하는 '악마의 편집'으로 마치 내가 좌익만 공격하는 것처럼 보이게 만들었다. 그들은 '이것은 당쟁을 초월하는 이슈입니다. 오늘 내가 여기서 말하려는 바가 그것입니다. 우리는 좌파와 우파, 민주당과 공화당으로 편을 갈라 싸우도록 유도하는 세뇌와 선전을 뛰어넘어 진실을 볼 수 있어야 합니다'라는 부분을 의도적으로 삭제했다."

월리스는 깊은 한숨을 내쉬고 나서, 그 뒤에 일어난 일에 관한 자신의 생각을 밝혔다.

"이따금 그런 공격 때문에 너무 힘들다. 하지만 나는 화내지 않는다. 사람에게 화내지 않는다는 말이다. 물론 나는 특정 매체들을 경멸한다. 그러나 그런 매체에 현혹되어 나를 비난하는 대중을 원망하지는 않는다. 희한하게도 공격을 많이 받을수록 내가 더 강해지고, 우리의 더 나은 미래를 더욱 확신하게 된다.

사람들이 나를 증오하고 공격할 때 나는 그들의 분노 속에 생존을 위한 원초적인 충동이 들어 있다는 사실을 기억하려고 애쓴다. 우리가 제작한 다큐멘터리 〈플랜데믹〉이 비판자들의 주장대로 공중 보건을 위험에 빠뜨린다고 대중이 믿는다면 그들이 분노하며 나를 공격하는 것은 당연하다.

사람들이 들고일어나 나를 성토할 때 사실 나는 신이 난다. 사람들이 자신과 사랑하는 사람의 존귀한 삶을 지키기 위해 그러는 것이기 때문이다. 나는 사람들의 그런 모습을 보고 싶다. 그들이 집단적으로 갖는 거대한 힘을 활용해 사랑하는 사람들의 생명을 구하고자 분연히 일어서기를 나는 진심으로 바란다. 또 진실이 드러나는 것은 결국 시간문제이므로 나는 사람들의 분노를 기꺼이 참고 견딘다. 진실이 쌓이고 쌓이면 언젠가 임계점에

도달해 더는 덮을 수 없다. 그때는 사람들이 그 거대한 집단의 힘을 실질적인 위험과 맞서는 데 사용할 것이다.

물론 우리 가운데에는 위험한 사람도 있다. 그들은 비록 소수이지만 여러 세대를 지나면서 그들의 영향력이 축적되어 우리 삶을 좌지우지할 수 있다. 그들은 숱한 기업 인수와 합병을 통해 문어발식으로 사업을 확장하고 덩치를 키워 현재 언론, 연예, 의료, IT, 교육, 식량 공급, 에너지 시스템, 스포츠, 정치 등 모든 분야를 장악하고 배후에서 조종한다.

그런 사실을 명확히 아는 것이 무엇보다 중요하다. 하지만 명심해야 할 게 있는데, 바로 그들이 퍼뜨리는 두려움에 우리가 사로잡혀서는 안 된다는 사실이다. 몇 년 전 내가 그전에 생각했던 것과는 아주 다른 엄연한 현실에 눈을 뜨면서 내가 이전에 본 것이 실제적인 현실이 아니라는 사실을 뼈아프게 깨달았다. 그때 나는 '죽음 수용의 5단계'와 비슷한 과정을 거쳤다. 그것은 사랑하는 사람의 죽음을 겪을 때 거치는 감정의 단계를 말한다. 나는 일찍이 어머니와 형을 잃었을 때 이미 그런 과정을 거쳤다.

스위스 출신의 정신의학자 엘리자베스 퀴블러로스가 제시한 그 단계는 부정, 분노, 타협, 우울을 거쳐 마지막으로 수용의 단계에 이른다. 하지만 나의 경험에 비춰보면 과정이 반드시 그런 순서로 진행되지는 않는다. 그러나 우리 모두는 깊은 슬픔이 닥쳤을 때 나름대로의 방식으로 그 같은 각각의 감정을 겪는다.

지금 이 순간 우리에게는 비통해해야 할 것이 참으로 많다. 우리 삶의 현실은 산산조각 났다. 우리의 세계는 뒤집어졌다. 위가 아래이고, 좋은 것이 나쁜 것이며, 빛이 어둠이다. 우리가 영웅이라 믿었던 사람 중 다수는 악당 본색을 드러낸다. 그런 현실에 눈을 뜨는 것은 결코 받아들이기 쉬운 일이 아니다.

그러나 좋은 소식은 우리가 깨어나고 있다는 사실이다. 인간이라는 이 유기체에서 전례 없는 각성이 진행 중이다. 우리는 수 세대 동안 잠들어 있었다. 일어서려면 시간이 걸릴 수 있다. 하지만 일어서게 되면 새롭고 높은 시각으로 이전보다 훨씬 멀리까지 볼 수 있을 것이다.

나는 스토리텔러로서 신화의 역사를 공부했기 때문에 그런 사실을 안다. 수천 년 동안 전해지는 이야기들에서 배울 게 참 많다. 서로 완전히 다른 이야기가 아니라 하나의 줄기에서 나와 다양하게 변형된 이야기들이다. 《오즈의 마법사》 같은 클래식이든, 최근에 나온 만화 영웅들의 모험담이든 이야기의 교훈은 거의 똑같다. '직감을 따르라', '네가 영웅이다', '포스는 안에서 나온다' 등.

그런 상징적인 이야기들은 거의 언제나 우리에게 '파멸을 피하려면 자신의 내면을 보라'고 말한다. 그 이유가 뭘까? 인류가 자연에서 단절될 날이 오리라고 예견하는 선견지명이 우리 조상들에게 있었을까? 개인적으로 나는 사람과 자연의 단절이 우리의 가장 깊은 집단적 상처라고 생각한다. 생명을 유지하는 자연의 신비로운 힘(혹자는 이를 신이라고 부르기도 한다)으로부터 우리를 더욱 멀리 떨어져 나가도록 하는 것이 우리를 병들게 한다.

단적인 예를 들어보겠다. 존 D. 록펠러가 등장하기 전에는 우리가 의존하던 약국이 단 하나였다. 우리가 살고 있는 이 대지 말이다. 모든 약은 자연에서 그대로 얻어 사용했다. 하지만 록펠러는 자신의 사업을 위해 우리와 대지를 이어주는 줄을 끊으면 평생 고객을 만들어낼 수 있다는 사실을 알았다. 그래서 그는 석유를 화학적으로 처리한 약품을 만들어 팔기 시작했다. 우리의 삶과 건강을 해치는 그 유독한 추세가 지금도 계속되고 있다.

코로나19와 관련해 자주 나오는 질문 중 하나가 이것이다. '정부는 왜 국가 경제를 무너뜨리고, 일자리를 없애고, 소상공인을 망하게 하는가?' 그 답은 한마디로 '의존성'을 키우기 위해서다. 영업을 제한하고 지원금을 주는 상황이 계속되면 머지않아 대다수 국민은 정부가 지급하는 월정 기본 소득에 의존할 것이다. 그러다 누군가 정부의 마음에 들지 않는 견해나 아이디어를 온라인으로 표현하면 그 사람과 그의 가족은 다음 한 달 동안 굶을 수밖에 없다.

그런 식으로 1%가 99%를 완전히 지배하는 것이다. 우리의 삶을 정부에 의존할수록 우리는 시민적 자유와 주권을 잃게 된다. 이미 우리는 이런 이야기를 하는 것만으로도 위험한 지경에 이르렀다.

언론과 표현의 자유가 위태로워지고 있다는 사실보다 더 불길한 것은 우리 언어가 무기화되고 있다는 점이다. 지금 우리 사회에서는 신(神), 자유, 사랑, 결혼, 애국자, 남자, 여자, 아버지, 어머니, 조국 같은 단어가 '화형'당하고 있다. 그 이유는 자명하다. 우리가 그것을 얻기 위해 싸울 가치가 있는 개념들이기 때문이다. 우리 삶을 지탱하는 이런 단어를 없애버리면 우리의 세계는 무너질 수밖에 없다.

그들이 원하는 것이 바로 이러한 전적인 파괴다. 그런 다음 그들은 '더 낫게 재건하겠다'고 말한다. 자세한 내막을 모르면 솔깃하게 들릴 수 있지만 사실은 아주 무시무시한 일이다. 그들의 목표는 우리를 포함해 모든 것을 소유하고 조종하는 하나의 세계 정부를 만드는 일이다.

세계경제포럼(WEF) 창립자인 클라우스 슈바프 회장은 '당신은 아무것도 소유하지 않을 것입니다. 그리고 당신은 행복할 것입니다'라고 말한다. 그 말의 절반은 분명 옳다. 자신이 '좋은 편'에 있다고 생각하는 사람들은 나락으로 떨어지지 않고 번쩍이는 새로운 이상향에서 선택받은 사람들과 함께 살 수 있도록 초대받을 것이라고 믿는다. 그러나 역사는 그들이 결국 비참한 삶을 살게 된다는 점을 시사한다. 옛 소련의 독재자 블라디미르 레닌은 서방 세계에서 멋모르고 소련의 공산주의를 찬양하고 추종한 사람들을 '쓸모 있는 멍청이들(useful idiots)'이라고 불렀다. 그들이 어떻게 되었는지 알아보라.

로마 원로원 의원들의 끔찍한 종말, 프랑스 국왕 필리프 4세의 템플 기사단 멸절, 히틀러의 친나치 민병대 '갈색 셔츠', 베네수엘라 우고 차베스의 친위 세력 숙청 등은 사회주의 이상을 믿고 독재를 가능케 해주었던 조력자들이 토사구팽을 당한 사례를 보여준다.

지금 시민의 자유를 제한하는 새로운 정책들이 공공의 안전이라는 미명 아래 서둘러 법제화되고 있다. 미국만이 아니라 세계의 모든 시민들은 이런 정책들이 궁극적으로 그들의 전적인 지배를 정당화하는 데 사용될 것이라는 사실을 하루빨리 깨달아야 한다.

정치인들은 국민을 분열시키고 서로 대결하게 만들어야 다수를 조종하여 개인적인 자유를 포기하도록 유도할 수 있다. '좌익'이 '우익'의 검열을 환호하거나, 혹은 거꾸로 '우익'이 '좌익'의 검열을 환호할 때 그들은 부지불식간에 자신에게도 똑같은 징벌을 자청하게 된다. 현재 벌어지고 있는 치열한 정치적인 대립 아래서는 우리에게 안전한 쪽은 결코 없다.

요즘의 정치 배틀 경기장은 코너가 수없이 많다. 코너마다 민주당, 공화당, 진보, 보수, 급진주의, 자유주의, 좌파, 우파, 극좌, 극우 등이 각각 몸을 풀면서 일전을 벼르고 있다. 이 모든 상황은 각본과 설계에 따라 만들어졌다. 이념이 좁게 단편화될수록 분열되기가 더 쉽다. 또 분열이 심해질수록 우리는 더 쉽게 조종된다."

윌리스는 잠시 말을 멈췄다가 이렇게 덧붙였다.

"그와 관련해 내 친구 칼이 지난번에 한 이야기가 떠오른다. 그는 '올해 자네에게 일어난 일을 지켜보면서 내 생각이 바뀌었어'라고 말했다. 나는 '왜 어떻게 바뀌었는데?'라고 물었다. 그는 잠깐 뜸을 들이다가 내 눈을 똑바로 쳐다보며 답했다. '난 자네를 잘 알아. 자네의 마음을 알지. 자네만큼 다른 사람의 일에 관심을 갖고 배려하고 공감하려고 애쓰는 사람은 아직 못 봤어. 그런 자네에게 그들이 그처럼 증오 가득한 중상 비방을 쏟아내잖아. 그런 모습을 보면서 우리 가운데 안전한 사람은 아무도 없다는 사실을 절실히 깨달았다는 뜻이야.'"

─────────

사실 이 책이 끝날 때까지 저자인 내가 누구인지 독자 여러분에게 온전히 드러내지 않은 것도 "우리 가운데 안전한 사람은 아무도 없다"는 칼의 마지막 말과 관련이 있다. 나는 나 자신을 다른 사람 이야기의 보조 역할을 하는 소품으로 넘겨줄 생각이 없다. 또 내가 경험으로 알고 있듯이, 공평하지 않은 것이 언론이나 소셜 미디어만이 아니다. 또 내가 모르는 사람만이 아니라 아는 사람도 편파적일 수 있다. 소셜 미디어 계정을 가진 사람이라면 누구든 다른 사람의 삶을 바꿔놓을 수 있다. 그것도 대개 최악으로 말이다. 나는 '캔슬 문화'의 희생양이 되고 싶지 않다.

내가 비겁한 것일까? 나는 그렇게 생각하지 않는다. 우리는 지금 어느 때보다 더 강해야 한다. 그래야 힘을 합쳐 불의에 분연히 맞서고, 책임져야 할 사람에게 책임을 물을 수 있다. 우리 모두 말하기보다는 좀 더 들으려고 노력해야 한다. 그냥 흘려듣거나 듣고 넘기는 게 아니라 진심으로 귀를 기울여야 한다. 그러나 세상이 너무 시끄럽고, 우리 마음이 너무 복잡해서 우리는 흔히 후자를 전자로 혼동한다. 우리는 매일 저녁 TV에서 앵커가 전하는 뉴스를 듣거나, 소셜 미디어에서 글이나 영상을 스크롤한다. 정신없이 돌아가는 우리의 일상은 매 시간 쏟아지는 그 많은 정보를 충분히 소화할 만큼의 여유를 허용치 않는다. 권력자들은 우리가 그런 여유를 가질 수 없기 바란다.

그렇다면 나는 책을 왜 쓸까? 물론 구식이다. 하지만 다른 사람의 목소리와 관점을 진정으로 들을 수 있는 마지막 수단 중 하나가 책이라고 나는 생각한다. 며칠이나 몇 주를 할애해 저자가 일방적으로 쏟아내는 이야기를 들으며 책을 끝까지 읽으려면 우리의 일상 대화에선 거의 찾아볼 수 없는 존중과 인내, 선의가 필요하다. 인터넷상의 상호 작용에서는 그런 덕목을 더더욱 찾을 수 없다. 독자 여러분이 마음을 열고 내가 이 책에서 풀어놓은 모든 이야기를 깊이 생각해주는 것에 심심한 감사를 표한다.

이 책은 〈플랜데믹〉 제작과 그 다큐멘터리를 둘러싼 문화적인 상황에 관해 내가 진실이며 중요하다고 믿는 모든 것을 담고 있다. 물론 우리 모두는 우리 자신이 갖는 무의식적인 편견의 피해자다. 하지만 내가 〈플랜데믹〉에 회의론자로 접근했다가 실상을 깨닫고 나서 동조자가 되었다는 사실은 스펙트럼의 중간 어느 곳, 다시 말해 내가 할 수 있는 한 최대한도로 공정함에 가까이 다가간 것을 의미한다고 말하고 싶다.

그 '중간 어느 곳'이란 어디를 말할까? 간단히 정리하면 이렇다. 나는 코로나19 백신 접종을 받지 않았고 앞으로도 받지 않겠지만 마스크는 착용한다. 또 나는 지난 대선에서 조 바이든 민주당 후보를 선택했지만 최근 지방 선거에서는 공화당 후보를 찍었다. 나는 보수주의자도 진보주의자도 아니다. 나의 내면은 여러분과 똑같이 모순으로 똘똘 뭉쳐 있다.

인간은 말할 수 없이 복잡한 존재다. 우리 견해도 그렇다. 아주 다양한 생각들을 '좌'와 '우' 두 가지 패키지로 대충 묶어 둘 중 하나를 선택하도록 강요하는 것이 지금의 우리 현실이다. 그러나 우리는 이 패키지 아니면 저 패키지 중 하나만 선택할 필요가 없다. 우리가 서로의 견해를 진정으로 경청한 뒤 판단을 내리기 전에 좀 더 깊이 사려한다면, 우리는 우리의 견해를 확고히

다지고, 우리 스스로 결정을 내리며, 다른 사람이 우리를 대신하는 것을 막을 수 있다. 그것이 우리의 고유한 인간성을 회복하는 첫걸음이라고 나는 생각한다.

윌리스는 〈플랜데믹 2〉를 마무리하는 다음의 선언에서 그런 사실을 절묘하게 포착했다.

우리의 삶은 이야기들에 의해 형성되고 인도된다.

우리가 듣는 이야기가 우리가 하는 이야기가 된다.

우리가 그 이야기를 더 많이 들을수록 우리는 그 이야기를 더 믿게 된다.

그 이야기들이 도구로 적절히 사용되면 우리가 누구인지, 어디서 왔고 어디로 가는지 더 잘 이해할 수 있게 해준다.

그러나 그 이야기들이 무기로 사용되면 치명적일 수 있다.

우리가 지금까지 들은 가장 위험한 이야기는 다음과 같은 것들이다.

인간은 실패한 실험의 산물이다.

우리는 기생충이고, 암덩어리이며, 바이러스다.

영화와 음악, 미디어 그리고 우리 마음에 쉽게 침투하는 것은 허구적인 이야기들이다.

그들의 말처럼 거짓말도 계속 되풀이하면 진실이 된다.

두려움은 우리의 뇌에서 문제 해결을 담당하는 부위를 마비시킨다.

문제 해결 능력이 없어지면 우리는 다른 사람의 안내와 구조에 의존해야 한다.

그 과정에서 우리는 우리의 가장 원초적인 자연을 잃는다.

우리가 우주에서 가장 우수하고 복원력이 강한 생태계의 일부라는 사실을 우리는 자주 잊는다.

우리는 땅에서 자라는 것으로 먹기를 중단하고, 기계로 가공된 식품을 소비한다.

우리는 병을 고치는 약을 유독한 약으로 바꿔 사용한다.

우리는 부채와 의존성을 위해 사랑과 자유를 버린다.

그래도 좋은 소식은 우리의 이야기가 아직 끝나지 않았다는 사실이다.

클라이맥스는 아직 오지 않았다.

영웅이 자신에게 힘이 있다는 사실을 잊어버리고 쓰러졌다가 마침내 그 힘을 되찾아 일어서는 순간이 우리의 클라이맥스다.

우리 내면의 힘.

자연의 힘.

> 그들은 우리를 땅에 묻어버리려고 했지. 우리가 씨앗이라는
> 사실을 모르고 말이야. —디노스 크리스티아노풀로스

나의 어머니 재키와 아버지 존에게. 나에게 사랑을 주셔서 감사합니다. 나에게 생명을 주셔서 감사합니다. 그리고 모든 용감한 내부 폭로자들. 또 삶과 자유와 인류의 사랑이라는 이름으로 분연히 일어서서 목소리를 내는 과학자, 의사, 팬데믹 최전선의 근로자, 기자, 선출직 관리, 공무원, 아이들의 부모, 그리고 평범한 우리의 영웅들에게. 모두 모두 감사합니다. 역사가 여러분에게 미소를 지을 것입니다.

—미키 윌리스, 두 아들의 아버지이자 다큐멘터리 영화감독

후주

책머리에

1   Kit Stolz, "Mr. Willis Goes to Washington," *Ojai Magazine*, Spring 20201, www.facebook.com/ojaivalleynews/posts/mr-willis-goes-to-washington-is-a-feature-story-by-kit-stolz-about-former-ojai-r/3935269049891583/.

제1장

1   Andrew Joseph, https://www.statnews.com/2020/01/11/first-death-from-wuhan-pneumonia-outbreak-reported-as-scientists-release-dna-sequence-of-virus/.

2   Dr. Joseph Mercola, https://www.organicconsumers.org/news/niaid-moderna-had-covid-vaccine-candidate-december-2019.

제2장

1   Jon Rappoport, "Here's what Sharyl Attkisson told me about the 2009 'pandemic,'" April 16, 2020, https://www.eastonspectator.com/2020/04/16/heres-what-sharyl-attkisson-told-me-about-the-2009-pandemic-apr-16-by-jon-rappoport/.

2   Lyn Redwood, Mary Holland, "Dr. Fauci and COVID-19 Priorities: Therapeutics Now or Vaccines Later?" March 27, 2020, https://childrenshealthdefense.org/news/dr-fauci-and-covid-19-priorities-therapeutics-now-or-vaccines-later/.

3   "AIDS and the AZT Scandal: SPIN's 1989 Feature, 'Sins of Omission,'" Spin, October 5, 2015, https://www.spin.com/featured/aids-and-the-azt-scandal-spin-1989-feature-sins-of-omission/.

4   Bruce Nussbaum, Good Intentions: *How Big Business And the Medical Establishment Are Corrupting the Fight Against AIDS* (New York: Atlantic Monthly Press, 1990).

5   The Village Voice - 1989 - By Larry Kramer - "An Open Letter to Dr. Anthony Fauci" - https://www.villagevoice.com/2020/05/28/an-open-letter-to-dr-anthony-fauci/.

6   Celia Farber, "Sins of Omission," Spin, November 1989.

7   Bob Herman, "Pfizer raises estimate of COVID-19 vaccine sales by 29%," July 28, 2021, https://www.axios.com/pfizer-covid-19-vaccine-sales-second-quarter-2021-7bd7ae91-0b1b-4432-be40-9c91c3dad0dc.html.

8   ABC World News Tonight, television broadcast, Tom Llamas, May 23, 2020.

9   Elaine Cobbe, "France bans use of hydroxychloroquine, drug touted by Trump, in coronavirus patients," CBS News, May 27, 2020, https://www.cbsnews.com/news/france-bans-use-of-hydroxychloroquine-drug-touted-by-trump-to-treat-coronavirus/.

10 Morning Joe, May 22, 2020, https://www.facebook.com/msnbc/posts/hydroxychloroquine-the-antimalarial-drug-touted-by-president-trump-is-linked-to-/3761296230633268/.

11 Mandeep R. Mehra, Sapan S. Desai, Frank Ruschitzka, Amit N. Patel, "Hydroxychloroquine or chloroquine with or without a macrolide for treatment of COVID-19: a multinational registry analysis," The Lancet, May 22, 2020, https://www.thelancet.com/journals/lancet/article/PIIS0140-6736(20)31180-6/fulltext.

12 Catherine Offord, "The Surgisphere Scandal: What Went Wrong?" The Scientist, October 1, 2020, https://www.the-scientist.com/features/the-surgisphere-scandal-what-went-wrong--67955.

13 Charles Piller and Kelly Servick, "Two elite medical journals retract coronavirus papers over data integrity questions," Science, June 4, 2020, https://www.sciencemag.org/news/2020/06/two-elite-medical-journals-retract-coronavirus-papers-over-data-integrity-questions.

14 Catherine Offord, "The Surgisphere Scandal: What Went Wrong?"

15 "Updated: Lancet Published a Fraudulent Study: Editor Calls it 'Department of Error,'" June 2, 2020, https://ahrp.org/the-lancet-published-a-fraudulent-study-editor-calls-it-department-of-error/.

16 Yahoo Sports, "Renowned epidemiologist sees 'massive disinformation campaign' against hydroxychloroquine," August 23, 2020, https://sports.yahoo.com/renowned-epidemiologist-sees-massive-disinformation-005033779.html.

17 "C.D.C. Internal Report Calls Delta Variant as Contagious as Chickenpox," August 1, 2020, https://www.nytimes.com/2021/07/30/health/covid-cdc-delta-masks.html.

18 "Kary Mullis [PCR Inventor] - The Full Interview by Gary Null [HIV/AIDS]," May 1996, https://www.bitchute.com/video/AHJwHmTiGsOw/.

19 Andreas Stang, MD, MPH; Johannes Robers, MTA, et al., "The performance of the SARS-CoV-2 RT-PCR test as a tool for detecting SARS-CoV-2 infection in the population," https://www.ncbi.nlm.nih.gov/pmc/articles/PMC8166461/.

20 Alex Ralph, "Bill Gates and George Soros buy out UK Covid test company Mologic,"

The Times, July 20, 2021, https://www.thetimes.co.uk/article/bill-gates-and-george-soros-buy-out-uk-covid-test-company-mologic-70c3r736b.

21 January 22, 2005 - "Royalty payments to staff researchers cause new NIH troubles" - By: Janice Hopkins Tanne - https://www.ncbi.nlm.nih.gov/pmc/articles/PMC545012/.

22 https://www.gavi.org/our-alliance/about.

23 "Transcript: Bill Gates Speaks to the FT About the Coronavirus Crisis," April 9, 2020. https://www.ft.com/content/13ddacc4-0ae4-4be1-95c5-1a32ab15956a.

24 Becky Quick, "Bill Gates and the return on investment in vaccinations," January 23, 2020, https://www.cnbc.com/video/2019/01/23/bill-gates-and-the-return-on-investment-in-vaccinations-davos.html.

제3장

1 Josh Rottenberg and Stacy Perman, "Meet the Ojai dad who made the most notorious piece of coronavirus disinformation yet," May 13, 2020, https://www.latimes.comentertainment-arts/movies/story/2020-05-13/plandemic-coronavirus-documentary-director-mikki-willis-mikovits.

2 Sheera Frenkel, Ben Decker, Davey Alba, "How the 'Plandemic' Movie and Its Falsehoods Spread Widely Online," *New York Times*, May 20, 2020, https://www.nytimes.com/2020/05/20/technology/plandemic-movie-youtube-facebook-coronavirus.html.

3 Yaneer Bar-Yam, "Don't rebreath the coronavirus: New mask designs," New England Complex Systems Institute, April 3, 2020, https://necsi.edu/dont-rebreath-the-coronavirus-new-mask-designs.

제4장

1 Paul Elias, "Race to patent SARS virus stirs debate, Associated Press, May 5, 2003.

2 Ibid.

3 Ibid.

4 "Scientists race to patent SARS virus," *Associated Press*, December 15, 2003, https://www.nbcnews.com/id/wbna3076748.

5 Isabel Vincent, "COVID-19 first appeared in a group of Chinese miners in 2012, scientists say," August 15, 2020, https://nypost.com/2020/08/15/covid-19-first-

appeared-in-chinese-miners-in-2012-scientists/.

6　"Statement on funding pause on certain types of gain-of-function research," October 16, 2014, https://www.nih.gov/about-nih/who-we-are/nih-director/statements/statement-funding-pause-certain-types-gain-function-research

7　Fred Guterl, "Dr. Fauci Backed Controversial Wuhan Lab with U.S. Dollars for Risky Coronavirus Research," *Newsweek*, April 28, 2020.

8　Bob Roeher, "WHO wades into row over sharing of H5N1 flu research," *The BMJ*, January 4, 2012.

9　Marc Lipsitch, "The U.S. is funding dangerous experiments it doesn't want you to know about," *Washington Post*, February 27, 2019.

제5장

1　March 2015 - National Academies of Science, Engineering & Medicine - https://www.nationalacademies.org/our-work/enabling-rapid-medical-countermeasure-research-discovery-and-translation-for-emerging-threats-a-workshop.

2　https://www.judiciary.senate.gov/download/epstein-testimony.

3　Ibid.

4　Richard Epstein, "Google's Hypocrisy," Huffington Post, October 6, 2015.

5　Molly Ball, "The Secret History of the Shadow Campaign That Saved the 2020 Election," *TIME*, February 4, 2021, https://time.com/5936036/secret-2020-election-campaign/.

6　Steve Lohr, "Data engineer in Google case is identified," *New York Times*, April 30, 2012.

7　Paul Roberts, "Tacoma-based Snopes, debunker of fake news, is locked in nasty legal battle," June 4, 2009, https://www.seattletimes.com/business/tacoma-based-snopes-debunker-of-fake-news-is-locked-in-a-nasty-legal-dispute/.

8　Kate Murphy, "Single-Payer & Interlocking Directorates," July 2009, https://fair.org/home/single-payer-and-interlocking-directorates/.

9　Carl Bernstein, "The CIA and the Media," *Rolling Stone*, October 20, 1977, http://www.carlbernstein.com/magazine_cia_and_media.php.

10　Chase Peterson-Withorn, April 2021 https://www.forbes.com/sites/chasewithorn/2021/04/30/american-billionaires-have-gotten-12-trillion-richer-during-the-pandemic/?sh=59fc02e6f557.

제6장

1   Widely available video clip of the proceedings: https://www.centerforhealthsecurity.
    org/event201/videos.html.

2   Center for Health Security - "Event 201 Pandemic Exercise Underscores
    Immediate Need for Global Public-Private Cooperation to Mitigate Severe
    Economic and Societal Impacts of Pandemics," October 17, 2019, https://www.
    centerforhealthsecurity.org/event201/about.

3   Norbert Häring, "Why is Gates denying Event 201?" *National Herald*, May 2, 2020,
    https://www.nationalheraldindia.com/international/why-is-gates-denying-event-201.

4   Katie Engleman, "Sherlock Biosciences Receives FDA Emergency Use Authorization
    for CRISPR SARS-CoV-2 Rapid Diagnostic quad-shape COVID-19 Test is First
    FDA-Authorized Use of CRISPR Technology," Sherlock Biosciences, May 7, 2020,
    https://sherlock.bio/sherlock-biosciences-receives-fda-emergency-use-authorization-
    for-crispr-sars-cov-2-rapid-diagnostic/.

5   Ed Cara, "How last year's pandemic simulation foreshadowed Covid-19," Gizmodo,
    October 26, 2020.

6   Zosimo T. Literatus, "'Plandemic' Fact Check: U.S. Patent on Coronavirus,"
    Yahoo News, March 2, 2021, https://ph.news.yahoo.com/literatus-plandemic-fact-
    check-u-140100264.html.

7   Zosimo T. Literatus, "'Pandemic' Fact Check: Conclusion," Yahoo News,
    June 1, 2021, https://ph.news.yahoo.com/literatus-pandemic-fact-check-
    conclusion-110200556.html.

8   "Event 201 Pandemic Exercise Underscores Immediate Need for Global Public-
    Private Cooperation to Mitigate Severe Economic and Societal Impacts of
    Pandemics," Center For Health Security, October 17, 2019, https://www.
    centerforhealthsecurity.org/event201/about.

9   Gerard Gallagher, "Fauci: 'No doubt' Trump will face surprise infectious disease
    outbreak," *Infectious Disease News*, January 11, 2017.

10 Nicola Twilley, "The terrifying lessons of a pandemic simulation," *The New Yorker*,
    June 1, 2018, https://www.newyorker.com/science/elements/the-terrifying-lessons-of-
    a-pandemic-simulation.

11 Ibid.

12 Ibid.

13 World Health Organization, https://open.who.int/2018-19/contributors/contributor.

14 Natalie Huet, "Meet the world's most powerful doctor: Bill Gates," Politico.com,
    May 4, 2017.

15 "Dr. Cover-Up: Tedros Adhanom's controversial journey to the WHO," May 1, 2020, https://www.orfonline.org/expert-speak/dr-cover-up-tedros-adhanoms-controversial-journey-to-the-who-65493/.

제7장

1 "Mary Gates, 64; Helped her son start Microsoft," Associated Press, June 11, 1994.
2 Paul Allen, *Idea Man* (New York: Portfolio, 2011).
3 Pallava Bagla, "Indian Parliament comes down hard on cervical cancer trial," *Science*, September 9, 2013.
4 Ibid.
5 Aditya Kalra, "India Cuts Some Ties with the Gates Foundation on Immunization," Reuters, February 8, 2017.
6 Ibid.
7 https://www.gatesfoundation.org/How-We-Work/Quick-Links/Grants-Database/Grants/2020/03/INV-005273.
8 Amy Goodman, "Gates Foundation Causing Harm with the Same Money It Uses to Do Good," Democracy Now, January 9, 2007, https://www.democracynow.org/2007/1/9/report_gates_foundation_causing_harm_with.
9 Vandana Shiva, "Earth Democracy: Connecting Rights of Mother Earth to Human Rights and Well-Being of All," October 15, 2015, https://navdanyainternational.org/publications/earth-democracy-connecting-rights-of-mother-earth-to-human-rights-and-the-well-being-of-all/.
10 Dr. Joseph Mercola, "Vandana Shiva: Bill Gates Empires 'Must Be Dismantled,'" Children's Health Defense, March 29, 2021, https://childrenshealthdefense.org/defender/vandana-shiva-gates-empires-must-dismantle/.
11 Alex Ralph, "Bill Gates and George Soros buy out UK Covid test company Mologic," *The Times*, July 20, 2021, https://www.thetimes.co.uk/article/bill-gates-and-george-soros-buy-out-uk-covid-test-company-mologic-70c3r736b.
12 Emily Flitter and James B. Stewart, "Bill Gates Met With Jeffrey Epstein Many Times, Despite His Past," October 12, 2019, https://www.nytimes.com/2019/10/12/business/jeffrey-epstein-bill-gates.html.

제9장

1 https://casetext.com/statute/revised-code-of-washington/title-70-public-health-and-

safety/chapter-70290-washington-vaccine-association/section-70290010-definitions.

2   Planet Lockdown Interview Series by James Henry, 2021, https://planetlockdownfilm.
     com.

3   Real America's Voice Radio, July 26, 2021, https://americasvoice.news/video/
     oLGAsJHJgdKwQPm/.

4   World Health Organization. "Global efforts to study the origin of SARS-CoV19
     virus," August 2, 2020.

5   US Department of State Fact Sheet, "Activity at the Wuhan Institute of Virology,"
     January 15, 2021, https://2017-2021.state.gov/fact-sheet-activity-at-the-wuhan-
     institute-of-virology/index.html.

에필로그

1   Lauren Leatherby, Arielle Ray, Anjali Singhvi, Christiaan Triebert, Derek Watkins,
     Haley Willis, "Insurrection at the Capitol: A Timeline of How It Happened," *New
     York Times*, January 12, 2021, https://www.nytimes.com/interactive/2021/01/12/us/
     capitol-mob-timeline.html.

있는 그대로의 네가 되고 느끼는 대로 말해.
너에게 신경 쓰는 사람들은 중요하지 않고,
너에게 중요한 사람들은 네가 어떻게 하든 신경 쓰지 않거든.
― 닥터 수스

플랜데믹

초판 1쇄 발행 | 2022년 1월 25일
초판 3쇄 발행 | 2022년 2월 25일

지은이 | 미키 윌리스
옮긴이 | 이원기
발행인 | 승영란
편집주간 | 김태정
마케팅 | 함송이
경영지원 | 이보혜
디자인 | 여상우
출력 | 블루엔
인쇄 | 다라니인쇄
제본 | 경문제책사
펴낸 곳 | 에디터
주소 | 서울특별시 마포구 만리재로 80 예담빌딩 6층
전화 | 02-753-2700, 2778 팩스 | 02-753-2779
출판등록 | 1991년 6월 18일 제313-1991-74호

값 15,000원
ISBN 978-89-6744-241-5 03300